Ralph Terjung
Inke Jochims
Die Omega Diät

Ralph Terjung
Inke Jochims

Das Kochbuch zum Ausstieg aus der Zuckersucht

Omega Diät

Hedwig-Verlag, Berlin, 2005

1. Auflage 2005

ISBN 3-9808847-6-7

Veröffentlicht als Taschenbuch
Hedwig-Verlag Inke Jochims
Telefon: 030/804 97 905
www.hedwig-verlag.de
Dickhardtstraße 61/62, 12159 Berlin

Redaktion: *Literaturagentur + Textredaktion Swantje Steinbrink*, Berlin
Umschlaggestaltung: kursiv, Katrin Schek, Berlin
Zeichnungen: kursiv, Sebastian Quellmann, Katrin Schek, Berlin
Umschlagfoto: Barbara Dietl, Berlin
Foto Inke Jochims: Barbara Dietl, Berlin
Foto Ralph Terjung: Privat
Druck und Bindearbeiten: Ruksaldruck, Berlin

Inhalt

Inke Jochims
Der Ausstieg aus der Zuckersucht

Dies ist das Kochbuch zum Ausstieg aus der Zuckersucht.

Nachdem ich in „Ausstieg aus der Zuckersucht" und „Zucker und Bulimie" den Zusammenhang zwischen Gehirnchemie, Ernährung und Persönlichkeit beschrieben und einige Ernährungsempfehlungen gegeben hatte, wünschten sich viele Leser und Leserinnen ein entsprechendes Kochbuch – mit zahlreichen Rezepten für die Persönlichkeitstypen Arousal und Satiation.

Die wichtigsten Aspekte der beiden Bücher, auf die sich das Kochbuch bezieht, sollen hier noch einmal kurz zusammengefasst werden. Zur Vertiefung empfehle ich allerdings die Lektüre der Titel.

Was ist eigentlich (Zucker-)Sucht?

„Zuckersucht" wird hier definiert als die Gier nach Zucker, Schokolade, Weißmehl. Zwar will der oder die Betroffene dieses Verlangen bewusst nicht, doch diese Gier ist nicht mehr vom Willen beherrschbar. In aller Regel werden die zuckersüßen Lebensmittel auch gar nicht wirklich genossen, sondern verschlungen und als eine Art Selbstmedikation bei Stress eingesetzt.

Niemand, der sich mit Suchtbehandlung auskennt, bestreitet, dass süchtiges Verhalten eine emotionale oder andere psychologische Grundlage hat. Jeder weiß, dass ein Mensch, der sich schlecht fühlt, der unglücklich oder deprimiert ist, eher zu Suchtmitteln greift als jemand, der sich gut und gelassen fühlt. Daher hat die traditionelle Behandlung von süchtigen Menschen stets nach den emotionalen und psychologischen Ursachen der Sucht gesucht und sich bemüht, diese zu beheben.

Was aber nach wie vor häufig übersehen wird, ist, dass süchtiges Verhalten eine *physiologische* Basis hat. Und diese ist ebenso relevant für süchtiges Verhalten wie die emotionale oder psychologische Ursache. Das heißt, wird sie nicht mitbehandelt, so werden viele süchtige Menschen süchtig bleiben.

Die physiologische Komponente süchtigen Verhaltens besteht darin, dass die Ausgangsstoffe für den Aufbau bestimmter Neurotransmitter fehlen, kurzum, dass weniger Botenstoffe aufgebaut werden, als verbraucht werden.

Denn die physiologische Basis der Esssucht sind das so genannte serotonerge System im Gehirn – dieses System produziert den Botenstoff (Neurotransmitter) Serotonin und lenkt dessen Ausschüttung – sowie das dopaminerge System, also das System, das den Botenstoff Dopamin produziert und ausschüttet. Für beide gilt, dass ein Mangel an diesen Transmittern zu negativen, zu unangenehmen Gefühlen führt und schließlich zu dem Versuch, diese negativen Gefühle irgendwie „loszuwerden". Eine Möglichkeit ist Essen. Leider wird bei einem Mangel an Botenstoffen häufig eine Ernährungsform gewählt, die das Problem zwar kurzfristig löst, langfristig aber verschlimmert.

Botenstoffe und die Heißhungerattacken auf Süßes

Alle Botenstoffe, nicht nur Dopamin und Serotonin, tragen in irgendeiner Form zur Kommunikation im Gehirn bei. Neuronen kommunizieren miteinander auf chemischem Wege. Wenn ein Neuron endet, wird an einer Endstelle (Synapse) ein Botenstoff ausgeschüttet. Das nächste Neuron nimmt diesen Botenstoff auf und „feuert" dann seinerseits; das heißt, es gibt das Signal weiter.

Auf diesem Wege ermöglichen Botenstoffe, dass einzelne Nervenzellen miteinander kommunizieren und spezifische Netzwerke im Gehirn entstehen, die letztlich Verhalten, Denken und Gefühle erzeugen. Gehirn und Körper funktionieren optimal, wenn jedes Neuron korrekt eingestellt ist, um bestimmte Botenstoffe zu produzieren, zu senden oder zu empfangen. Jeder Botenstoff verbindet bestimmte Neuronen zu einem Pfad und verschiedene Teile des Gehirns zu einem Netzwerk. Der freie Fluss dieser Botenstoffe ist die Voraussetzung für körperliches und mentales Wohlbefinden. Wenn zu viele Botenstoffe vorhanden sind, werden die Synapsen, also die Verbindungselemente zwischen den Neuronen überflutet und die Signale nicht mehr von einem Neuron zum nächsten weitergeleitet. Mit der Zeit werden die Synapsen sogar unempfänglich für entsprechende Signale.

Kommunikation zwischen zwei Neuronen

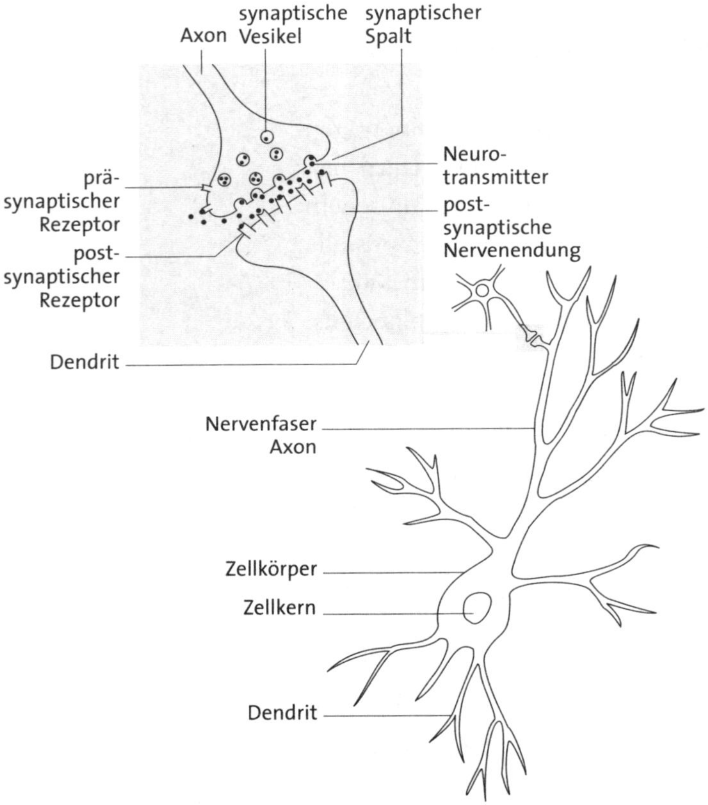

Gibt es hingegen zu wenige Botenstoffe, so gibt es nichts, womit die Nachricht weitergeleitet werden könnte. Auf diese Mangelsituation reagieren auch andere Bereiche des Körpers: Psychische und physische Krankheiten sind mitunter die Folge.

Das serotonerge System hat noch eine weitere, ebenso wichtige Funktion. Sehr viele Enden der Neuronen, die Serotonin produzieren, enden frei und geben den Botenstoff Serotonin nicht direkt an eine andere Synapse, sondern in den Zwischenraum zwischen den Synapsen ab. Dort moduliert das Serotonin die Arbeit der anderen Transmitter, indem es dafür sorgt, dass es zu keinen überschießenden Reaktionen kommt. Letztlich handelt es sich beim serotonergen System also um ein hemmendes System.

Wenn Botenstoffe fehlen, wird das Gehirn insgesamt weniger leistungsfähig. Bestimmte Fähigkeiten fallen aus oder sind zumindest stark eingeschränkt. Botenstoffe fehlen aus verschiedenen Gründen (siehe auch Seiten 17 – 23). Aber vor allem bei Stress ist die Verfügbarkeit von Botenstoffen reduziert. Dies bedeutet für das Gehirn eine enorme Belastung. So ist unter Stress beispielsweise die Fähigkeit des Großhirns gemindert, Impulse, die aus dem limbischen System aufsteigen (dazu gehört auch die Gier, etwas zu essen), zu hemmen. Schreitet der Prozess zu weit voran, ist der Mensch irgendwann nicht mehr in der Lage, den Impuls, übermäßig zu essen oder andere Drogen zu nehmen, zu kontrollieren.

Wenn Serotonin und/oder Dopamin fehlen, fühlt man sich ängstlich, ärgerlich, zornig, verstimmt, depressiv. Der Konsum eines Suchtmittels wie Zucker verbessert kurzfristig die Stimmung. Denn alle Mittel, nach denen man süchtig werden kann, egal, ob es sich um legale oder illegale Drogen handelt – oder um Nahrungsmittel wie Weißmehl und Zucker –, provozieren eine erhöhte Ausschüttung von Botenstoffen. Dies ist eine Art „Kurzschlusssystem", das so tut, als wären ausreichend Botenstoffe vorhanden – mit dem fatalen, weil trügerischen Effekt, dass man sich im ersten Moment tatsächlich besser fühlt.

Zum nachhaltigen Aufbau wichtiger neuer Botenstoffe tragen sie nichts bei. Im Gegenteil.

Wenn man immer wieder zu „Ersatzstoffen" greift, hört das Gehirn schon bald auf, genügend körpereigene Botenstoffe zu produzieren, oder aber es stumpft ab und wird für die Wirkung körpereigener Botenstoffe allmählich unempfänglich. Dann ist die Sucht da.

Dopamin und Serotonin

Die Neurotransmitter Dopamin und Serotonin beeinflussen zahlreiche Verhaltensweisen, Gedanken und Gefühle. Jeder dieser beiden Botenstoffe hat – im Konzert mit anderen Botenstoffen – spezifische Aufgaben. Wenn jemand eine relativ große Menge (aber auch nicht zu viel) eines Botenstoffes im Gehirn zur Verfügung hat, bewältigt er bestimmte Aufgaben besonders leicht und fühlt sich gut. Das hängt vom jeweiligen Botenstoff ab.

Umgekehrt gilt demnach Folgendes: Bestimmte Verhaltensweisen, Gedanken und Gefühle erfordern die Ausschüttung eines bestimmten Botenstoffes. Daher suchen Menschen unbewusst genau solche Erfahrungen, die einen von ihnen gewünschten Botenstoff ausschütten. Menschen werden von ihrer Biochemie wesentlich mehr beherrscht, als sie gemeinhin vermuten. Ein oft eingesetztes Hilfsmittel ist Essen: letztlich beeinflusst aber jede individuelle Verhaltensweise eines Menschen seine individuelle Biochemie.

Dopamin

Das dopaminerge System ist ein aktivierendes System.

Dopamin wirkt wie ein natürliches Aufputschmittel, kontrolliert Energie, Freude über neue Ideen und vor allem die Motivation eines Menschen. Ein Motivationsmangel ist immer auch ein Dopaminmangel. Dopamin überwacht auch jene Körperfunktionen, die in Beziehung zu Blutdruck, Stoffwechsel (siehe Seite 36f) und Verdauung stehen.

Die Dopaminausschüttung ist in der Regel gekoppelt an eine aufregende Aktivität wie Sex, Sport oder jegliche Form von Konkurrenzsituation. Daher sorgt bereits der Gedanke an eine solche Situation – auch dann, wenn er uns nicht bewusst wird – dafür, dass Dopamin ausgeschüttet wird. Sofort geht der Herzschlag hoch. Die Koordination der Muskeln wird optimiert. Das wiederum bewirkt eine größere physische Beweglichkeit und die Kraft, schneller zu rennen, höher zu springen und sich mit mehr Energie zu bewegen.

Dopamin fördert aber nicht nur die Geschwindigkeit des Denkens und physischer Reaktionen, sondern auch deren

Präzision. Mit erhöhten Mengen von Dopamin arbeitet der Geist intensiver an der Problemlösung. Wir denken und sprechen schneller und äußerst zielorientiert.

Dopamin steigert unsere Fähigkeit, Sinneseindrücke aufzunehmen, da es in der Lage ist, die Aufmerksamkeit im Gehirn zu fokussieren. Es scheint unsere Levels von Wachheit, Konzentrationsfähigkeit und Aufgewecktheit zu prägen.

Die Gefühle und Gedanken, die ein hoher Dopaminspiegel auslöst, sind also von erheblicher Energie gekennzeichnet. Sie sind schnell und stimulierend.

Generell sinkt der Dopaminspiegel im Laufe des Tages durch den ständigen Verbrauch, so dass auch die Konzentrationsfähigkeit am späten Abend nachlässt. Doch da nachts neues Dopamin aufgebaut wird, sieht morgens alles wieder anders aus, wenn man die Nacht über gut geschlafen hat.

Ein Dopaminmangel hingegen bewirkt Depression, unklares Denken; er führt zu einer ausgeprägten Gier nach allen belohnenden und/oder energetisierenden Drogen wie Nikotin, Zucker, Alkohol, aber auch Amphetaminen und Kokain. Diese Drogen bewirken eine kurzfristige Ausschüttung von Dopamin und suggerieren eine Erhöhung des Dopaminspiegels, wo keine ist.

Zuckersucht kann jedoch nicht nur auf einem Mangel an Dopamin beruhen, sondern ebenso gut auf einem Mangel an Serotonin.

Serotonin

Das serotonerge System ist ein dämpfendes System. Es sorgt dafür, dass Gehirnzellen nicht überaktiv sind. Wenn Serotonin fehlt, kommt es zu zahlreichen psychischen Störungen, unter anderem Angst- und Panikzuständen, Zwängen und Essstörungen.

Ein hoher Serotoninspiegel vermittelt ein Gefühl von Ruhe und Geborgenheit, ein nährendes, zufriedenes Gefühl. Ist der Serotoninspiegel ausgeglichen, kann man tief und entspannt schlafen, das Essen genießen und rational und klar denken.

Über das Wohlbefinden hinaus transportiert ein hoher Serotoninspiegel auch das Gefühl persönlicher Sicherheit, von Vertrauen und Selbstachtung. Alle positiven Emotionen wie Zufriedenheit und Freude sind mit einem normalen bis leicht erhöhten Serotoninspiegel assoziiert.

Serotonin verstärkt also Gefühle und Glaubenssysteme, die auf Optimismus, Selbstwert, Entspannung und Sicherheit beruhen.

Menschen mit einem optimalen Serotoninspiegel sind daher meist entspannt, empfinden nur sehr selten Angst und Furcht.

Ein kurzfristig erhöhter Serotoninspiegel hilft bei der Bewältigung aller stressigen Situationen, indem er die Impulskontrolle verbessert – das heißt, die eigenen Fähigkeiten stehen einem bei akutem Bedarf tatsächlich zur Verfügung, und man handelt lösungsorientiert.

Menschen mit einem normalen Serotoninspiegel machen sich grundsätzlich weniger Sorgen über mögliche negative Ereignisse. Es ist daher sehr wahrscheinlich, dass sie diesen, sollten sie eintreten, eher offensiv und selbstsicher begegnen.

Umgekehrt: Je niedriger der Serotoninspiegel, desto größer die Angst vor heraufziehenden unangenehmen Situationen. Infolgedessen besteht auch eine verstärkte Tendenz, all jene Ereignisse zu vermeiden, von denen man annimmt, sie könnten schwierig werden.

Einige Experten gehen davon aus, dass es letztlich vom jeweiligen Serotoninspiegel abhängt, ob sich ein Mensch einer Problemsituation stellt oder vor ihr flieht.

Da mittlere bis normale Serotoninlevel bedeuten, so gut wie frei von negativen Emotionen wie Angst, Unsicherheit, Ärger, Furcht und Paranoia zu sein, ist ein *zu niedriger* Serotoninspiegel tatsächlich die Keimzelle für all diese negativen Gefühlszustände.

Fazit: Je niedriger der Serotoninspiegel, desto ausgeprägter die Tendenz zu Niedergeschlagenheit und zur Verschlechterung der jeweiligen Stimmung. Ein niedriger Serotoninspiegel führt zu Depressionen, Energielosigkeit und Müdigkeit, geringer Selbstachtung, Konzentrationsstörungen, Verwirrung, der Schwierigkeit, Entscheidungen zu treffen, verminderter sexueller Lust sowie zu ausgeprägten Schuld- und Unwertgefühlen. Konsequenzen eines starken Serotoninmangels über einen langen Zeitraum sind antisoziales Verhalten, Gewalt oder sogar Selbstmord.

Ein Serotoninmangel führt aber auch dazu, dass man Heißhunger auf Kohlenhydrate bekommt, denn diese steigern tatsächlich kurzfristig den Serotoninspiegel. Aber auch der Verzehr von Fett kann den Serotoninspiegel im Nu steigern. Zwar wirken Kohlenhydrate und Fett auf unterschiedlichen Wegen, das Ergebnis ihres Konsums ist allerdings das gleiche: Es kommt zu einer raschen, aber ebenso schnell vorübergehenden Besserung des Gesamtbefindens.

Wann und warum fehlen Neurotransmitter?

Alle Botenstoffe im Gehirn werden ausschließlich aus bestimmten Nahrungsbestandteilen aufgebaut. Wenn diese fehlen, fehlen zwangsläufig auch die Botenstoffe, und die Kommunikation im Gehirn funktioniert nicht mehr.

Mögliche Ursachen für einen Transmittermangel:

- psychologische Gründe
- physiologische Gründe
- genetische Disposition
- unverhältnismäßig starker Verbrauch (Stress)

Psychologische Ursachen
Einer der wichtigsten Gründe, weshalb Botenstoffe wie Serotonin und Dopamin fehlen können, beruht auf den „Nutzungsbedingungen“ des Gehirns. Nutzung bedeutet: Wie häufig denke ich konstruktiv über Probleme nach? In welchen Beziehungen lebe ich? Wie werde ich angeregt? Welche Erfahrungen mache ich? Diese individuellen Nutzungsbedingungen können sich so entwickeln, dass das Gehirn irgendwann „beschließt“, weniger Botenstoffe zu produzieren. Das ist vor allem dann der Fall, wenn jemand im dauernden Stresszustand lebt oder ständig frustrierende oder enttäuschende Erfahrungen macht. Die jeweiligen „Nut-

zungsbedingungen" des Gehirns werden in jeder Form von Psychotherapie oder Coaching beachtet. Man fragt nach Beziehungen, Gefühlen, Gedanken, Lebensumständen und trainiert gemeinsam Bewältigungsstrategien. Das wiederum wirkt sich positiv auf die biochemischen Grundlagen des Gehirns aus – mit anderen Worten: Es werden wieder mehr Neurotransmitter aufgebaut, bis der Mangel ausgeglichen ist, es gibt mehr empfängliche Synapsen, und der Fluss der Botenstoffe kommt wieder in Gang.

Physiologische Ursachen

Selbst unter optimalen „Nutzungsbedingungen" müssen die Botenstoffe, die das Gehirn jeweils benötigt und verwenden möchte, erst aufgebaut werden. Und das funktioniert, wie gesagt, nur mittels Nahrung, wobei gilt: gesunde und ausreichende Ernährung → angemessene Transmitter-Produktion; falsche Ernährung → gestörte Transmitter-Produktion. Wenn nun die Ausgangsstoffe für die dringend benötigten Neurotransmitter in der Nahrung fehlen, sei es, weil man aus Diätgründen hungert oder aus ideologischen Gründen bestimmte Lebensmittel ausklammert, unterbleibt die Produktion der entsprechenden Botenstoffe.

Diese Erkenntnis mag banal klingen, dennoch ist es nach wie vor die am häufigsten übersehene Problematik der Suchtbehandlung. Denn von nichts kommt nichts: Fehlen die nötigen Ausgangsstoffe für Neurotransmitter in der Nahrung, werden auch keine aufgebaut. Da Botenstoffe jedoch im Laufe des Tages verbraucht werden, besteht ein ständiger Aufbereitungsbedarf.

Notwendig für den Aufbau von Botenstoffen sind:

- Aminosäuren (Eiweißbausteine, z.B. aus Hähnchenfleisch, Eiern, Fisch)
- Vitamine
- Mineralstoffe und Spurenelemente
- (die richtigen!) Fette

Nur aus der Kombination von Aminosäuren, Mineralstoffen und Spurenelementen kann das Gehirn Botenstoffe bilden, und nur mit Hilfe von Botenstoffen ist es möglich, sich wohl zu fühlen und „störungsfrei“ zu leben.

In unserer Gesellschaft ist es jedoch so, dass die meisten Menschen (besonders Frauen) entweder viel zu wenig oder aber das Falsche essen – wenn auch aus den unterschiedlichsten Gründen, so doch mit den gleichen Konsequenzen:

- Es fehlen dringend benötigte Aminosäuren (Eiweißbausteine) in der Nahrung.
- Es fehlen dringend benötigte Fette in der Nahrung.
- Es fehlen Vitamine, Mineralstoffe und Spurenelemente in der Nahrung.

Vegetarier essen beispielsweise häufig zu wenig Eiweiß. Die Folge: Aminosäure-Mangel. Menschen, die den ganzen Tag von Junk-Food und Cola leben, brauchen dringend Mineralstoffe, Vitamine und Spurenelemente. Andere wiederum rühren kein Fett an, weil man ihnen erzählt hat: „Fett macht fett." Das stimmt allerdings nur dann, wenn man zu viel von den falschen, den so genannten gesättigten Fetten isst. Denn das Gehirn braucht durchaus Fette, und zwar die richtigen, die ungesättigten wie Omega-3-Fettsäuren. Fehlen diese, kommt es zu einem gravierenden Serotoninmangel – und der führt auf die Dauer zu Heißhungerattacken.

Die Paradoxie einer einseitigen Diät besteht also darin, dass sie Heißhungerattacken hervorrufen kann.

Doch auch die Nahrungs*zusammensetzung* kann verantwortlich dafür sein, dass bestimmte Botenstoffe nicht oder nicht ausreichend aufgebaut werden. Wer beispielsweise extrem proteinarm, aber kohlenhydratreich isst (morgens, mittags, abends Brot), nimmt viel zu wenig Eiweiß zu sich, um genügend Transmitter aufbauen zu können. Gleiches gilt, wenn dringend benötigte Vitamine und Spurenelemente fehlen.

Von Bedeutung ist aber auch, ob die konsumierten Nahrungsmittel die benötigten Ausgangsstoffe in ausreichendem Maße enthalten. Da hat die moderne Lebensmittelindustrie nämlich einiges durcheinander gebracht. So hat sich der Gehalt an Tryptophan im Fleisch durch die einseitige Fütterung von Tieren mit Getreide so reduziert, dass nicht mehr genügend Tryptophan über die Nahrung aufgenommen wird. Tryptophan ist aber eben jener Eiweißbaustein, der für die Serotoninproduktion nötig ist. Die Folge: Weltweit können die Menschen weniger Serotonin im Gehirn aufbauen, weshalb sowohl Depressionen als auch Übergewicht zunehmen.

Genetische Ursachen

Ein weiterer, oft übersehener Grund für einen Mangel an Botenstoffen ist die genetische Disposition. Denn nicht nur der direkte Aufbau von Serotonin und Dopamin unterliegt der verfügbaren genetischen Grundausstattung eines Menschen. Gene bestimmen auch mit, wie viel von einem bestimmten Vitamin, Mineralstoff und Spurenelement aus der Nahrung gewonnen werden kann und wie viel davon ins Gehirn transportiert wird.

Das bedeutet: Einige Menschen werden auch bei einer noch so perfekten Ernährungsweise nie die notwendige Menge an Botenstoffen aufbauen können, um sich gesund, zufrieden und leistungsfähig zu fühlen. Selbst unter optimalen Bedingungen werden diese Menschen immer leiden. Hier kann allerdings der gezielte Einsatz von Nahrungsergänzungsmitteln erfolgreich entgegensteuern (siehe Seite 37ff).

Das heißt, für einige Menschen werden die offiziellen Ernährungsempfehlungen hinsichtlich Vitaminen, Mineralstoffen und Proteinen nie ausreichen, für andere hingegen sind sie schon viel zu hoch. Der US-amerikanische Forscher Roger J. Williams nannte dies in seinem gleichnamigen Standardwerk „Biochemical Individuality“ das „Gesetz der biochemischen Individualität“ und meinte damit, dass jedes Gehirn andere Nährstoffmengen braucht, um die gleiche Leistung zu erbringen und das gleiche Wohlbefinden zu erleben.

Es wird mehr verbraucht als aufgebaut: Stress

Ein großer Nährstoffräuber ist Stress. Nur wenige Minuten eines Streites beispielsweise können die Vorräte des Körpers an Tyrosin und Phenylalanin – beides Ausgangsstoffe für den Aufbau von Dopamin (und Noradrenalin, bzw. Adrenalin) – vollständig erschöpfen. Denn der Bedarf an diesen Botenstoffen steigt bei allen Stressbelastungen enorm an.

So werden bei anhaltendem Stress und anderen besonderen Belastungen leicht mehr Botenstoffe verbraucht, als wieder aufgebaut werden können. Tatsächlich ist dies der häufigste Grund für einen Transmittermangel.

Stress kann durch die verschiedensten Erlebnisse und Ereignisse ausgelöst werden. Ein bestimmtes Maß an Stress kann jeder Mensch tolerieren; wird dieses Maß allerdings überschritten, treten Überforderungssymptome auf. Diese können sogar so weit gehen, dass jemand an Stress stirbt. Sehr viel häufiger jedoch „kümmern" übermäßig gestresste Menschen hilflos vor sich hin.

Bewusste Stressfaktoren sind unter anderem: physische Gefahr; der Verlust des Arbeitsplatzes; die Trennung vom Partner; der Tod eines geliebten Menschen. Die wirklich zehrenden, langfristigen Stressoren sind jedoch meist unbewusst, beispielsweise die unbewussten „Erinnerungen" an ein frühes Trauma. Doch alle emotionalen Konflikte – bewusst und unbewusst – lösen Stress aus. In solchen Extremsituationen vermag eine gesunde Ernährung kaum den ausgelösten Mangel an Botenstoffen auszugleichen.

Trifft nur einer der genannten Gründe zu, so baut ein Mensch nicht genügend der dringend benötigten Transmitter auf, um gesund und leistungsfähig zu bleiben. Die Folge sind psychische Störungen – und eine erhöhte Suchtgefahr; denn Menschen, die auf Dauer zu wenig Botenstoffe produzieren, werden süchtig nach irgendetwas, sei es nach Zucker oder sonst einer Droge, die ihnen kurzfristig hilft – und damit vorgaukelt –, eine negative Stimmung und/oder negative Gedanken zu bekämpfen. Doch dieser Teufelskreis des Leidens kann unterbrochen bzw. verhindert werden. Je eher, desto besser.

Botenstoffe, Persönlichkeit und Nahrungsaufnahme

In meinem Buch „Ausstieg aus der Zuckersucht" werden zwei verschiedene Menschentypen unterschieden, der „Satiation-Typ" und der „Arousal-Typ". Hierbei handelt es sich natürlich um eine extreme, wenn auch legitime Vereinfachung. Denn es ist ja keine Frage, dass es letztlich ebenso viele Menschentypen wie Menschen gibt. Doch tragen Kategorisierungen wie in Satiation- und Arousal-Typen zum besseren Verständnis komplexer Zusammenhänge bei – und zahlreiche Leserinnen und Leser haben mir geschrieben, dass sie sich in einem der beiden Typen durchaus wiedererkannt haben.

Ich unterscheide – in Anlehnung an Arbeiten des US-amerikanischen Autors Joel Robertson – zwischen jenem Menschentyp, der nach Aufregung, Abenteuer, Anregung, Abwechslung strebt, dem Arousal-Typ, und jenem, der eher Ruhe und Geborgenheit, Entspannung und manchmal auch Langeweile sucht, dem Satiation-Typ. Der Arousal-Typ sucht also vor allem Verhaltensweisen, die eine Erhöhung des Dopaminspiegels versprechen, der Satiation-Typ genau die, welche ein Anheben des Serotoninspiegels in Aussicht stellen.

Diese beiden Persönlichkeitstypen lassen sich anhand folgender biochemischer Kriterien beschreiben:

- die Menge des verfügbaren Dopamins, also: Wie viel *Dopamin* hat ein Mensch im Durchschnitt zur Verfügung.
- die Menge des verfügbaren Serotonins, also: Wie viel *Serotonin* hat ein Mensch im Durchschnitt zur Verfügung.

Arousal-Menschen haben einen hohen Dopamin- und einen niedrigen Serotonin-Spiegel. Entsprechend dieser Konfiguration sind sie häufig extrem aktiv, ständig im Stress, arbeiten bis zu 15 Stunden am Tag, sind abends noch auf einer Party, konkurrieren mit jedem Menschen um Aufmerksamkeit und Zuneigung. Sie sind extrovertiert und gelten im Allgemeinen als „lebendig".

Der niedrige Serotoninspiegel bringt ein Gefühl von Minderwertigkeit mit sich, ein Gefühl von Angst und latenter Aggression, das beim Arousal-Menschen vor allem dann zu Tage tritt, wenn er verlassen wird, sich einsam fühlt oder ermüdet. Solche Situationen kann er nur sehr schlecht ertragen – und greift dann häufig nach Nahrungsmitteln, die schnell beruhigen: Fett und Kohlenhydrate. Er kocht sich Nudeln mit Zucker oder ein Pfund Kartoffeln mit Butter.

Satiation-Menschen haben einen niedrigen Dopamin- und einen niedrigen Serotoninspiegel.

Aufgrund des niedrigen Dopaminspiegels sind sie eher „antriebsarm" und bevorzugen Situationen, in denen wenig Dopamin gebraucht wird – sie schätzen Ruhe, Entspannung und Harmonie. Oft sind sie fast harmoniesüchtig. Sie mögen das Sofa mit Videorecorder und Chips. Der Satiation-Mensch ist im Allgemeinen beziehungsfähiger als der Arousal-Mensch; denn Satiation-Menschen mögen Ordnung und Routine. Der niedrige Serotoninspiegel führt aber auch bei ihnen zu einem Gefühl der mangelnden Selbstachtung und in einigen Fällen zu einer latenten, schwer fassbaren Aggressivität. Anders als der Arousal-Mensch, der sein negatives Selbstwertgefühl überspielt und verdrängt, sind sich Satiation-Typen dieses Gefühls zwar eher bewusst, haben aber kaum die Energie, etwas dagegen zu unternehmen. In klassischen psychologischen Begriffen sind Arousal-Menschen tendenziell „narzisstisch" und Satiation-Typen tendenziell „depressiv" – mit allen Vor- und Nachteilen ihres Typs.

Beide Typen unterscheiden sich nicht nur hinsichtlich ihrer Gehirnchemie, sondern auch ihr Stoffwechsel und somit ihre Ernährungsbedürfnisse sind unterschiedlich. Und beide Typen müssen neben der Gehirnchemie auch ihren Blutzuckerspiegel stabil halten, damit sie nicht in süchtiges Verhalten hineinrutschen.

Der Blutzuckerspiegel

Der Blutzuckerspiegel bezeichnet den Wert der zu einem bestimmten Zeitpunkt gelösten Glukose-, sprich Zucker-Menge im Blut. Bei einem Erwachsenen liegt der normale Blutzuckerspiegel zwischen 85 und 105 mg Glukose pro 100 ml Blut. Wird dieser Wert überschritten, schüttet die Bauchspeicheldrüse das Hormon Insulin aus. Die Symptome eines zu niedrigen Blutzuckerspiegels sind für den Körper ebenso gefährlich wie die eines zu hohen Blutzuckerspiegels.

Von der Glukose-Verfügbarkeit für Gehirn-, Muskel- und Nervenzellen hängt schließlich der Energielevel eines Menschen ab: Je mehr Glukose für die Zelle zur Verfügung steht, desto „energiegeladener" ist der Mensch. Der im Blut gespeicherte „Blutzucker" reicht unter normalen Umständen für ca. 3 bis 4 Stunden. Das ist auch genau der Zeitraum, in dem der Serotoninspiegel im Gehirn stabil bleibt.

Hunger, Müdigkeit etc. entstehen, sobald in den Körperzellen ein Glukosemangel herrscht. Diesen Mangelzustand nennt man Hypoglykämie (Unterzuckerung). Er macht sich als Leistungsknick bemerkbar, einhergehend mit einer abnormen Müdigkeit, Kopfschmerzen, Frösteln, manchmal auch Schweißausbrüchen und Herzklopfen.

Die psychischen Symptome der Hypoglykämie sind Konzentrationsschwäche, Vergesslichkeit, verminderte Belastbarkeit, mangelnde Aufmerksamkeit, Müdigkeit, Launenhaftigkeit, Gereiztheit, Ungeduld, emotionale Instabilität, depressive Gefühle, Antriebslosigkeit, gestörte Sinneswahrnehmung, Verwirrtheit.

Ist der Blutzuckerspiegel längerfristig zu hoch, scheint der Körper diesen Wert allmählich für den „Normalwert" zu halten. Entsprechend beantwortet er ein Absinken unter diesen „Normalwert" ebenfalls mit Unterzuckerungssymptomen, obwohl faktisch keine Unterzuckerung vorliegt.

Der Körper nutzt Zucker vor allem für den akuten Energiebedarf. Wenn man während eines Sportwettkampfs Zucker bzw. Kohlenhydrate isst, wird dieser sofort in Energie umgesetzt. Den Zucker gewinnt der Körper also aus der Nahrung, das heißt aus allen Lebensmitteln, die Kohlenhydrate enthalten. Dazu gehören Früchte, Milch und Reis ebenso wie Brot, Kartoffeln und Müsli. Die meisten Süßigkeiten enthalten den so genannten raffinierten Zucker, der besonders schnell löslich ist und daher umgehend ins Blut aufgenommen wird.

Heute weiß man, dass es beim Verzehr von Kohlenhydraten zur Regulation des Blutzuckerspiegels vor allem darauf ankommt, mit welcher *Geschwindigkeit* Glukose durch Verstoffwechslung freigesetzt wird. Das heißt, je schneller eine große Menge Zucker verstoffwechselt wird, desto kurzfristiger der Energieeffekt. Häufige rapide Blutzuckerschwankungen fördern schließlich sogar Übergewicht: Mittels eines ausgeklügelten Warnsystems registriert der Körper den jeweiligen Blutzuckergehalt; und sobald mehr Zucker im Blut gelöst ist, als gebraucht wird, schüttet die Bauchspeicheldrüse (Pankreas) Insulin aus, um den Zucker in die Zellen des Körpers einzuschleusen. Und das senkt den Blutzuckerspiegel.

Um den Zucker jedoch ungehindert in die Zellen einschleusen zu können und im Blutstrom ausreichend „Platz" für die Verbindung mit dem Zucker zu schaffen, treibt das Insulin jede störende freie Fettsäure in die Fettzellen. Dafür öffnet es die Fettzellen „meilenweit". Da Fettzellen keinen Zucker, sondern ausschließlich freie Fettsäuren speichern, wird die Fettzelle zu einer Art Fett-Magnet, der nun jede freie Fettsäure an sich zieht und als Fett speichert. Auf diese Weise macht zu viel Zucker Fett – und fett.

Da nun die Regulation der im Blut gelösten Glukose-Menge, also der Blutzuckerspiegel, insbesondere vom Hormon Insulin gesteuert wird, liegt der Schluss nahe, dass Lebensmittel, die den Blutzuckerspiegel sehr schnell steigern, eine entsprechend massive Insulinreaktion hervorrufen. Tatsächlich lösen bestimmte Lebensmittel eine höhere Insulinausschüttung aus als andere. Und je mehr Insulin ausgeschüttet wird, desto schneller sinkt der Blutzuckerspiegel wieder. Da ein niedriger Blutzuckerspiegel im Hypothalamus als „Hungersignal" wirkt, löst ein zu niedriger Blutzuckerspiegel unter Umständen Heißhungerattacken aus. Dies nennt man auch die „Blutzuckerschaukel".

In diesem Zusammenhang ist natürlich interessant, wie schnell der Verzehr bestimmter Kohlenhydrate den Blutzuckerspiegel beeinflusst und damit eine mögliche Gegenreaktion auslöst.

Das Maß, das diese Geschwindigkeit angibt, ist der so genannte glykämische Index (Glyx).

Darüber hinaus spielt für die Insulinreaktion jedoch auch die Gesamtmenge der in einer Mahlzeit enthaltenen Kohlenhydrate eine Rolle. Denn auch wenn man sehr große Mengen von Lebensmitteln mit niedrigem glykämischem Index äße, würde der Körper letztlich mit Glukose überflutet und müsste entsprechend viel Insulin ausschütten, um den Blutzuckerspiegel konstant zu halten. Daher gibt es ein zweites Maß, die „glykämische Ladung": Dieses gibt sowohl die Kohlenhydrat-Menge eines Nahrungsmittels als auch dessen blutzuckersteigernde Wirkung an. Die glykämische Ladung einer Mahlzeit wird nach folgender Formel berechnet: *Glykämischer Index x Menge der im Essen enthaltenen Kohlenhydrate*. Je höher die glykämische Ladung einer Mahlzeit, desto wahrscheinlicher ist es, mit dieser Mahlzeit zuzunehmen. Das bedeutet, man kann entweder sehr wenige hochglykämische oder etwas mehr niederglykämische Kohlenhydrate essen, um einen ähnlichen Effekt zu erzielen.

Der britische Ernährungsexperte Patrick Holford hat gezeigt, dass die Gesamtzahl der aufgenommenen Kalorien weltweit – besonders in den westlichen Ländern – in den letzten 15 Jahren *gesunken* ist. Mit dem Absinken der aufgenommenen Kalorienzufuhr ging jedoch ein weltweiter Anstieg des Übergewichts einher.

Für den signifikanten Anstieg des Übergewichts in den vergangenen Jahren scheint also sowohl der vermehrte Konsum von Lebensmitteln mit hohem glykämischem Index als auch die Gesamtmenge der konsumierten Kohlenhydrate, sprich der Konsum einer zu hohen glykämischen Ladung verantwortlich zu sein. Und es ist nun mal Fakt: Zucker wird tonnenweise verzehrt, denn er findet sich in fast jedem verfügbaren Lebensmittel. Entsprechend ist die Menge an verzehrten Kohlenhydraten – im Verhältnis zu Fetten und Eiweißen – eindeutig zu hoch.

Die Blutzuckertheorie und die Forschungsergebnisse bezüglich glykämischem Index und glykämischer Ladung erklären nicht nur sehr anschaulich, warum das Übergewicht weltweit zunimmt, sondern stellen auch plausibel dar, weshalb manche Menschen schneller zunehmen als andere: Die glykämische Ladung von Lebensmitteln, das ist heute sicher, wirkt nämlich nicht bei allen Menschen gleich. Das hängt damit zusammen, dass die *Insulinreaktion auf Kohlenhydrate* von Mensch zu Mensch unterschiedlich ist. Manche Menschen reagieren intensiver als andere – und so beeinflusst die gleiche Mahlzeit den einen mehr, den anderen weniger stark.

Die große Stärke der Blutzuckertheorie ist, dass sie erklären kann, warum es bei einem Absinken des Blutzuckers zu Heißhungerattacken kommt und warum eine überhöhte Kohlenhydratzufuhr übergewichtig und krank machen kann.

So versprach die Blutzuckertheorie jahrelang ein gewisses Maß an Kontrolle: Wer niederglykämische Lebensmittel esse, so das Credo, sei vor Blutzuckerschwankungen und somit vor Heißhungerattacken gefeit.

Damit lag und liegt der Fokus aller Diäten, die sich eine Stabilisierung des Blutzuckerspiegels vorgenommen haben, auf Art und Menge der zugeführten Kohlenhydrate. Es gibt Hunderte von Vorschlägen, wie man mit dem Konsum der richtigen Kohlenhydrate in der richtigen Menge gesund und schlank bleiben kann.

Doch die große Schwäche dieser Theorie ist, dass sie ausschließlich auf den Konsum von Kohlenhydraten blickt. Aus den beiden Erkenntnissen, dass erstens die gelöste Glukose im Blut den Blutzuckerspiegel bestimmt und dass zweitens Kohlenhydrate zu Glukose umgewandelt werden, wurde geschlossen, dass allein Kohlenhydrate den Blutzuckerspiegel bestimmen. Dies war aber ein logischer Fehlschluss.

Denn die Blutzuckertheorie kann nicht erklären, warum viele Menschen, die entsprechend ihrer Kohlenhydrataufnahme eigentlich einen relativ stabilen Blutzuckerspiegel haben müssten, dennoch unter der Gier nach Süßigkeiten leiden.

Neuesten Forschungsergebnissen zufolge wird die Verstoffwechslung von Kohlenhydraten und somit die Höhe, aber vor allem die Stabilität des Blutzuckerspiegels von einem Energiemix aus Fetten, Eiweißen und Kohlenhydraten bestimmt. Das heißt, um den Blutzuckerspiegel tatsächlich stabil halten zu können, muss nicht nur die Menge und Art, sondern auch das Verhältnis von Kohlenhydraten zu Fett und Eiweiß betrachtet werden.

Von „schnellen Verbrennern" und „langsamen Verbrennern"

Der Stoffwechsel eines Menschen bestimmt, wie viel Energie den Körper-, Nerven- und Gehirnzellen aufgrund der aufgenommenen Nahrung zur Verfügung stehen. Aktuelle Forschungsergebnisse haben ergeben, dass Menschen durchaus unterschiedliche Kombinationen von Nahrungsmitteln benötigen, um das gleiche Maß an Leistungsfähigkeit und Energie zu erlangen. Dabei spielt die von George Watson getroffene Differenzierung in „langsame" und „schnelle" Verbrenner eine bedeutende Rolle. „Langsam" bzw. „schnell" bezieht sich hier auf die Geschwindigkeit, mit der jemand Kohlenhydrate verbrennt.

Mitte des 20. Jahrhunderts forschte der Psychiater George Watson zum Zusammenhang zwischen Verbrennungsgeschwindigkeit und mentalen Zuständen. Er konnte zeigen, dass viele Formen von Angststörungen, Depressionen und anderen problematischen emotionalen Zuständen auf einem geschädigten Nervensystem und verminderter Gehirnfunktion beruhen, ausgelöst durch Stoffwechselprobleme.

Watson zeigte, dass sich viele mentale Zustände wie Angst oder Depression signifikant verbessern, sobald der Körper mit den für ihn richtigen Nährstoffen versorgt wird und das Gehirn somit die Energie erhält, die es braucht. Auch nach heutigem Forschungsstand ist dies einleuchtend: Nur wenn der Körper über die richtigen Nährstoffe verfügt, werden auch die richtigen Botenstoffe aufgebaut.

Watson fand dabei heraus, dass Menschen Kohlenhydrate unterschiedlich schnell verbrennen und daher nach dem Konsum einer Mahlzeit auch über unterschiedliche Mengen an Energie verfügen.

Die gesamte Energie, die das Gehirn zur Verfügung hat, entsteht während der so genannten Zellatmung. Dies ist der Prozess, bei welchem die Zelle Energie aus Nahrungsbestandteilen gewinnt. Er ist die Basis des Stoffwechsels. In diesem Prozess werden komplexe Nahrungsbestandteile wie Proteine, Fette und Kohlenhydrate in kleinere Teile aufgespalten. Mit Hilfe der Oxidation (*Verbrennung*) gewinnt die Zelle aus diesen Nährstoffen die Energie für Körper und Gehirn. Das Gehirn benötigt unbedingt einen optimalen Glukoselevel, um angemessen zu funktionieren. Daher wirkt sich eine Dysfunktion in der Bereitstellung von Glukose sehr schnell negativ auf den Zustand des Gehirns aus. Wie viel Glukose das Gehirn zur Verfügung hat, hängt wiederum von der Geschwindigkeit ab, mit der Kohlenhydrate im Prozess der Oxidation verstoffwechselt werden. Darauf bezieht sich das Konzept der „schnellen" bzw. „langsamen" Verbrennung.

Ein schneller Verbrenner ist jemand, dessen Glykolyse zu schnell abläuft: Kohlenhydrate werden viel zu rasch verbrannt. Um dennoch ausreichend Energie herstellen zu können, sprich den Prozess zu verzögern, brauchen schnelle Verbrenner daher eine Nährstoffmischung, die mehr Protein und Fett als Kohlenhydrate enthält, denn die letztgenannten Nährstoffe wirken bei der Verstoffwechslung wie eine Art Bremse.

Ein so genannter langsamer Verbrenner hingegen verbrennt Glukose zu langsam. Das heißt, er benötigt in seiner Diät vermehrt Kohlenhydrate, um den langsamen Stoffwechsel und die geringere Produktion von Glukose zu kompensieren.

Wenn langsame Verbrenner während einer Mahlzeit zu viel Fett und Eiweiß essen, wird der Verbrennungsvorgang noch mehr „ausgebremst" und sie haben anschließend zu wenig Energie zur Verfügung.

Der dritte Typus, den es natürlich auch gibt, ist der Mischtyp. Dieser ist weder ein besonders schneller noch ein sehr langsamer Verbrenner und fährt deshalb am besten mit einer ausgewogenen Ernährung.

Um dasselbe Maß an Blutzuckerstabilität zu erreichen, brauchen unterschiedliche Menschen folglich einen unterschiedlichen Energiemix. Dies kann eine Ernährungsweise, die sich allein auf die Art und Menge der verzehrten Kohlenhydrate stützt, nicht leisten. Da es vor allem auf die Zusammensetzung der Nahrung, insbesondere der Makronährstoffe ankommt, muss deren Verhältnis, also das Verhältnis von Eiweiß, Fett und Kohlenhydraten in die Überlegungen einbezogen werden.

Kalium und Kalzium

Ein weiterer nützlicher Hinweis, welche Nahrungsmittel für welchen Typ besonders günstig sind, stammt von dem bekannten US-amerikanischen Ernährungsexperten William L. Wolcott. Er stellte fest, dass „Schnellverbrenner" innerhalb ihrer Zellen über zu viel Kalium im Verhältnis zum Kalzium verfügen. Bei „Langsamverbrennern" ist es umgekehrt, hier ist zu viel Kalzium im Verhältnis zum Kalium vorhanden. Damit ist nicht unbedingt gemeint, dass Kalium oder Kalzium absolut (also entsprechend den Normwerten) zu niedrig oder zu hoch sein müssen, gemeint ist allein das Verhältnis zwischen den beiden Mineralstoffen.

Daher ist es für den schnellen Verbrenner günstig, wenn er Lebensmittel wählt, die eher mehr Kalzium enthalten, während für den langsamen Verbrenner kaliumreiche Lebensmittel positiv korrigierend wirken.

Dennoch sollte man sich zunächst auf das richtige Verhältnis der Makronährstoffe konzentrieren, bevor man sein

Augenmerk auf das optimale Verhältnis von Kalium und Kalzium richtet.

Eine entsprechende Liste mit den für jeden Typ günstigen Lebensmitteln finden Sie auf Seite 45ff bzw. 59ff.

Der Zusammenhang zwischen Gehirnchemie und Stoffwechsel

Ein Faktor, der die Geschwindigkeit, mit der Kohlenhydrate verstoffwechselt werden, beeinflusst, ist dem US-amerikanischen Arzt Gabriel Cousens zufolge wiederum die Höhe des Dopamin-/Noradrenalinspiegels (Noradrenalin wird aus Dopamin hergestellt.): Je höher der Dopamin-/Noradrenalinspiegel, desto schneller verbrennt ein Mensch Kohlenhydrate. Und je niedriger der Dopamin-/Noradrenalinspiegel, desto langsamer die Verbrennung der Kohlenhydrate.

Kombiniert man nun die einzelnen Aspekte von Gehirnchemie und Stoffwechsel, ergibt sich Folgendes:

Der Arousal-Typ leidet unter einem Serotonin-Mangel und einem Dopamin-Überschuss. Außerdem ist er oft akuten Heißhungerattacken ausgeliefert, weil er Kohlenhydrate zu schnell verbrennt, sprich ein „schneller Verbrenner" ist. Die optimale Ernährung für den Arousal-Typ sind daher Gerichte mit mehr Fett und Protein, aber möglichst wenig Kohlenhydraten. Zusätzlich sollte er auf kalziumreiche Lebensmittel achten.

Der Satiation-Typ hingegen weist sowohl einen Mangel an Serotonin als auch einen Mangel an Dopamin auf. Er ist ein „langsamer Verbrenner". Er benötigt deshalb eine Ernährung mit mehr Kohlenhydraten, aber weniger Fett und weniger Proteinen. Günstig sind zudem kaliumreiche Lebensmittel.

Wenn gesunde Ernährung nicht reicht: Aminosäuren

Allen Büchern über Ernährung ist gemeinsam, dass sie eine bestimmte Kombination von Nahrungsmitteln empfehlen, um gesund und schlank zu werden oder zu bleiben – der Suchtdruck jedoch bleibt. Warum? Weil die Gehirnchemie den Appetit bestimmt, und diese wird stark von der individuellen Ernährung beeinflusst.

So kann bewusste, typgerechte Ernährung eine optimale Ausgangsbasis schaffen, indem sie alle notwendigen Nährstoffe bereitstellt, den Blutzuckerspiegel stabilisiert und den richtigen energetischen Mix für den jeweiligen Stoffwechseltypus liefert.

Manchmal allerdings reicht gesunde Ernährung allein nicht aus. Dann benötigt das Gehirn zum Aufbau neuer Botenstoffe mehr, als eine ausgewogene Ernährung liefern kann.

Das kann verschiedene Gründe haben:

- Länger andauernder Stress verbraucht häufig so viele Nährstoffe, dass selbst die gesündeste Ernährung diese nicht zur Verfügung stellen kann.

- Da die Verstoffwechslung von Nahrung durch Gene gesteuert wird, kann eine genetische Disposition dazu beitragen, dass das Gehirn unterernährt ist.
- Langfristige Erschöpfungszustände, aus denen man ohne zusätzliche Hilfe schwer wieder herauskommt.

In solchen Fällen helfen gezielt eingesetzte Nahrungsergänzungsmittel.

Wann sind Nahrungsergänzungsmittel zu empfehlen?
Alle Neurotransmitter haben eine Aminosäure (Eiweißbaustein) als Ausgangsstoff. Aminosäuren sind letztlich Nahrungsbestandteile, die mit jeder eiweißreichen Mahlzeit aufgenommen werden. Der Körper ist daher prinzipiell auf die Verstoffwechslung von Aminosäuren vorbereitet.

Wenn man dem Gehirn diese nun gezielt anbietet, fängt es an, mehr von dem entsprechenden Neurotransmitter zu produzieren. Allerdings nicht von heute auf morgen. Denn Aminosäuren sind keine schnell wirkenden Medikamente. Um eine spürbare, nachhaltige Wirkung zu erzielen, muss man sie über mehrere Monate einnehmen.

Nur über die Nahrungsaufnahme funktioniert das nicht so gut, weil bei einem eiweißreichen Essen gleichzeitig noch andere Aminosäuren für den Körper verfügbar werden. Für einen gezielten Aufbau einzelner Transmitter muss jedoch der Spiegel einer einzigen Aminosäure angehoben und stabilisiert werden.

Wenn der Satiation- bzw. der Arousal-Typ die ihm fehlenden Transmitter wieder neu aufbaut, führt das dazu, dass er sich besser fühlt – der eine wieder energetischer, der andere ruhiger und gelassener. Unter diesen verbesserten gehirnchemischen und emotionalen Voraussetzungen können die Betroffenen ganz neue Erfahrungen machen – und das verändert langfristig die Nutzungsbedingungen im Gehirn: Das Selbstvertrauen steigt, man macht positive Erfahrungen, isst gesünder, fühlt sich stabiler, was wiederum zu besseren Beziehungen führt ... Kurz: Wenn erst einmal die quälende Sucht besiegt ist, setzt sich eine Aufwärtsspirale in Gang.

Die Aminosäure *L-Tryptophan* hilft, den Serotoninspiegel langfristig zu steigern. Das ist deshalb eine Aminosäure, die der *Arousal-Typ* braucht. Nehmen Sie bei Bedarf 2 Kapseln à 500 mg abends plus ein Gesamtpräparat mit allen Vitaminen, Mineralstoffen und Spurenelementen. Darüber hinaus sollte ein Präparat mit B-Vitaminen eingenommen werden, um das Tryptophan zu verstoffwechseln.

Die Aminosäure *L-Tyrosin* hilft dem Gehirn, wieder mehr Dopamin aufzubauen. Dies ist daher die geeignete Aminosäure für den *Satiation-Typ*. Nehmen Sie morgens und mittags je 1 Kapsel mit bis zu 1000 mg L-Tyrosin, zusätzlich ein Gesamtpräparat mit allen Vitaminen, Mineralstoffen und Spurenelementen sowie ein Präparat mit den B-Vitaminen. Wenn Sie der Meinung sind, dass Ihnen Tryptophan ebenfalls fehlt, können Sie abends 1 bis 2 Kapseln L-Tryptophan à 500 mg einnehmen.

In manchen Situationen (z.B. Raucherentwöhnung) kann der Arousal-Typ unter Umständen zusätzlich L-Tyrosin benötigen, allerdings sollte er normalerweise vorsichtig damit sein, weil viel L-Tyrosin agitierte Zustände steigern kann.

Sowohl der Satiation- als auch der Arousal-Typ brauchen zudem Vitamine und Spurenelemente, die zum Aufbau der verschiedenen Transmitter im Gehirn notwendig sind.

Erkundigen Sie sich in Ihrer Apotheke nach einem hoch dosierten Vitamin-B-Präparat und einem hoch dosierten Präparat, das sämtliche Vitamine und Spurenelemente enthält. Nehmen Sie täglich drei Kapseln des hoch dosierten Vitamin-B-Präparats. Keine Sorge: Alle B-Vitamine sind wasserlöslich und werden ausgeschieden, wenn Sie zu viel davon nehmen.

Bei hohen Dosen von Vitamin B färbt sich der Urin gelb. Dies ist aber vollkommen unproblematisch.

Gegenanzeigen: Bevor Sie Aminosäuren in Form von Nahrungsergänzungsmitteln einnehmen, sollten Sie grundsätzlich mit Ihrem Arzt oder Ihrer Ärztin sprechen, vor allem, wenn sie unter einer ernsthaften physischen Krankheit leiden wie äußerst hohem oder niedrigem Blutdruck, Lupus, Migräne, Leberproblemen, schwerwiegenden Nierenschäden, Magengeschwüren, einer überaktiven Schilddrüse oder unter neurologischen Erkrankungen wie Schizophrenie oder einer bipolaren Depression, wenn Sie schwanger sind, gerade stillen, Methadon oder MAO-Aufnahmehemmer nehmen.

Ernährungsempfehlungen

Der Arousal- und Satiation-Typ haben einige wesentliche Gemeinsamkeiten, und zwar in Bezug auf die Art der verwendeten Kohlenhydrate bzw. Fette. Das heißt, die Frage, welche Kohlenhydrate und welche Fette gesund sind, ist nicht nur eindeutig, sondern auch für beide Typen gleich zu beantworten.

Denn weder sind alle Kohlenhydrate noch sind alle Fette identisch:

- Sie unterscheiden sich in der Art und Weise, wie der menschliche Körper sie verstoffwechselt.
- Sie unterscheiden sich hinsichtlich ihrer Wirkung auf Gehirn und Körper.
- Sie unterscheiden sich hinsichtlich ihrer direkten oder indirekten Wirkung auf den menschlichen Appetit (und somit auf die Menge der verzehrten Nahrungsmittel).
- Und sie sind keineswegs gleich bezüglich ihrer Wirkung auf Produktion und Ausschüttung der verschiedenen Transmitter.

Kohlenhydrate

Die Wichtigkeit niederglykämischer Kohlenhydrate wurde bereits im Abschnitt zum Blutzuckerspiegel erwähnt. Besorgen Sie sich am besten eine Liste mit dem glykämischen Index von Lebensmitteln. Es gibt zahlreiche Bücher mit Listen zum Glyx, Sie finden eine Liste im Internet unter: http://medichi.de/de/dept_64.html.

Als erste hilfreiche Faustregel gilt allerdings Folgendes:

- Sämtliche Produkte aus Weißmehl, Reismehl und alle sehr fein verarbeiteten Lebensmittel haben einen hohen glykämischen Index. Das gilt für Kartoffelbrei, Obstsäfte, Kekse, Kuchen, Süßigkeiten und alle Lebensmittel, denen Zucker hinzugefügt wurde, z.B. Fruchtjoghurt. Lesen Sie sich die Angaben auf den Etiketten durch, vor allem dann, wenn Sie irgendwelche „ganz besonders gesunden" Frühstücksdrinks kaufen möchten.
- Gemüse und Vollkornprodukte haben – genau wie Nudeln (ja, tatsächlich!) – einen tendenziell niedrigen glykämischen Index. Stärkehaltige Gemüse wie Yams, Kartoffeln etc. haben dagegen einen relativ hohen glykämischen Index.
- Manche Obstsorten (z.B. Datteln und Feigen) haben einen hohen glykämischen Index.

Wenn ein Lebensmittel entweder sehr stark verarbeitet ist oder sehr viel Stärke enthält, ist in aller Regel der glykämische Index hoch.

Auf den Seiten 45ff und 59ff finden Sie Listen mit günstigen bzw. ungünstigen Lebensmitteln für Ihren jeweiligen Typ. Da die einzelnen Werte zum glykämischen Index jedoch nicht genannt werden, ist es möglicherweise für interessierte Leser/innen dennoch günstig, sich im Buchhandel oder im Internet eine entsprechende Liste einzelner Lebensmittel mit zugeordnetem glykämischen Index zu besorgen.

Fette

Für das optimale Funktionieren aller Körperzellen braucht der Mensch vor allem die mehrfach ungesättigten Fette und diese zudem im richtigen Verhältnis: So benötigt er sowohl Omega-6- als auch Omega-3-Fettsäuren, und zwar möglichst im Verhältnis 1:1, aber auch eine Verteilung von 4:1 gilt noch als gesund. Omega-3-Fettsäuren sind vor allem in Fisch- und Leinöl zu finden, man bekommt sie jedoch auch über den Verzehr von grünem Blattgemüse, Nüssen und Leinsamen. Omega-6-Fette finden sich in Pflanzenölsorten wie Mais-, Distel- oder Sonnenblumenöl, sowie – hier aber leider in allzu großen Mengen – in Fertiggerichten.

Das jeweils benötigte Mengenverhältnis zwischen den beiden Makronährstoffen Kohlenhydrate und Fette ist allerdings von Mensch zu Mensch unterschiedlich: je nachdem, ob schneller oder langsamer Verbrenner. Wer Kohlenhydrate sehr schnell verstoffwechselt, braucht etwas anderes als jemand, der sie langsam verbrennt.

Zusammengefasst:

- Priorität bei der Nahrungsmittelwahl haben die richtigen Fette und die richtigen Kohlenhydrate.
- Priorität bei der Nahrungsmittelwahl hat die jeweilige Mengenverteilung zwischen Kohlenhydraten, Fetten und Eiweiß für den jeweiligen Typ.
- Priorität bei der Nahrungsmittelwahl hat das Verhältnis von Kalium und Kalzium.

Die folgenden Hinweise auf ungünstige bzw. günstige Lebensmittel für den Arousal- und Satiation-Typ finden sich auch in dem Buch „Ausstieg aus der Zuckersucht“; sie wurden jedoch überarbeitet, um Hinzugelerntes sofort an Sie weiterzugeben.

Ernährungsempfehlungen für den Arousal-Menschen

Für den Arousal-Menschen ist tendenziell alles ungünstig, was die Verbrennung von Kohlenhydraten beschleunigt – und das sind sämtliche Lebensmittel, die besonders viel Zucker enthalten. Grundsätzlich zählen alle Getreide, Gemüse und Früchte zu den kohlenhydratreichen Lebensmitteln – aber einige davon wirken intensiver als andere. Karotten, Kartoffeln, Kürbis, Bananen, viele Obst- sowie alle Getreidesorten sind besonders stärkereich. Deshalb sollten sie besonders vorsichtig verwendet werden. Gleiches gilt natürlich für Brot. Der Arousal-Mensch liebt Brot – aber es tut ihm nicht immer gut. Vielleicht klingt es provokant für Sie, aber Brot mit Butter bekommt dem Arousal-Menschen besser als nur Brot oder pure Nudeln. Gänzlich ungeeignet sind alle raffinierten Kohlenhydrate.

Grundsätzlich gilt: Arousal-Menschen sollten darauf achten, dass sie zu jeder Mahlzeit etwas Eiweiß zu sich nehmen.

Angesichts der folgenden Liste bleibt festzuhalten, dass Sie als Individuum auch individuell auf bestimmte Nahrungsmittel reagieren. Vielleicht vertragen Sie manche Lebensmittel, die unter „günstig“ notiert sind, nicht gut und reagieren mit Heißhungerattacken, während Ihnen andere, die unter „ungünstig" stehen, viel besser bekommen. Nicht das System, sondern Sie sind wichtig. Die Liste ist zur Orientierung gedacht. Und in diesem Zusammenhang möchte ich betonen, dass hier ausdrücklich von „günstig" und „ungünstig" und nicht etwa von „verboten" und „erlaubt" die Rede ist.

Grundsätzlich gibt es keine verbotenen Lebensmittel, es gibt aber solche, die sich auf Ihren Blutzuckerspiegel und Ihr Energiesystem ungünstig oder günstig auswirken. Dies ist daher als Einladung zu verstehen, es selbst auszuprobieren und sich Ihrer individuellen Reaktionen bewusst zu werden. Sie werden schon bald spüren, welche Nahrungsmittel Ihnen gut tun.

Günstige Lebensmittel für den Arousal-Menschen

Gemüse

Avocados, Alfalfasprossen, Ampfer, Artischocken, Bambussprossen, Blattsalat (alle Sorten), Blumenkohl, Brunnenkresse, Champignons, Chinakohl, Fenchel, Frühlingszwiebeln, Grünkohl, alle Gurkensorten, Knoblauch, Kohlrabi, Okra, Paprika (siehe Anmerkung zur Oxalsäure), Pilze, Porree, Radieschen, Rosenkohl, Rotkohl, Rucola, Sauerkraut, Schalotten, Spitzkohl, Staudensellerie, Weißkohl, Wirsingkohl, Zwiebeln.

Besonders *kalzium*haltige Gemüsesorten: grünes Blattgemüse, Kohl, Spinat und Fenchel sowie Gewürzkräuter.

Von diesen Gemüsesorten kann ohne weiteres viel und stets nach Bedarf gegessen werden.

Anmerkung zur Oxalsäure

Bestimmte Lebensmittel enthalten von Natur aus Oxalsäure. Da Oxalsäure die Verstoffwechslung von Kalzium bei jedem Menschen behindert, sollten vor allem Arousal-Typen diese Lebensmittel meiden bzw. reduzieren. Dies gilt für schwarzen Tee, Brombeeren, Rote Bete, Mangold, Schokolade, Kakao, Rosinen, Spinat, Stachelbeeren, Trauben, grüne Paprika, Pflaumen, Himbeeren, Rhabarber, Erdbeeren und Tomaten.

Oxalsäure wird jedoch durch Erhitzen zerstört, so dass Sie Rote Beete, Mangold, Spinat und Paprika gekocht problemlos essen können.

Hülsenfrüchte

Butterbohnen, Grüne Bohnen, Kidneybohnen, Pintobohnen, Schwarze Bohnen, Sojabohnen, Wachsbohnen, Wachtelbohnen, Weiße Bohnen.

Bohnen enthalten zwar relativ viel Stärke. Doch da sie sowohl viel Kalium als auch viel Kalzium enthalten und einen hohen Eiweißgehalt aufweisen, sind sie für den Arousal-Menschen ebenso geeignet wie für den Satiation-Typ.

Obst

Äpfel, Aprikosen, Birnen, Heidelbeeren, Holunderbeeren, Kirschen, Pfirsiche, Pflaumen, Sanddorn.

Himbeeren und Erdbeeren enthalten ebenfalls Oxalsäure. Sie können aber in Maßen verzehrt werden. Wer nicht über Wochen hinweg jeden Tag Erdbeeren isst, schadet sich nicht.

Gewürze und Gewürzkräuter

Apfelessig, Bierhefe, Biobin, Essig, Fleisch- und Gemüsebrühe, Ingwer, Kardamom, Koriandersamen, Kreuzkümmel, Kümmel, Kurkuma, Muskatnuss, Nelken, Paprikagewürz, Pfeffer, Piment, Safran, Senf, Speisesalz, Tabasco-Sauce, Wacholderbeeren, Zimt, Zitronengras.

Basilikum, Dill, Estragon, Kerbel, Koriander, Majoran, Minze, Oregano, Petersilie, Pimpinelle, Rosmarin, Salbei, Schnittlauch, Thymian, Zitronenmelisse.

Nüsse und Samen

Grundsätzlich alle Nüsse und Samen, z.B. Leinsamen, Pinienkerne, Walnüsse, Haselnüsse, Erdnüsse, Sonnenblumenkerne, Mandeln, Cashewkerne, Sesam.

Nicht gesalzene Nüsse und Samen sind ein ausgezeichnetes Mittel, den Blutzuckerspiegel zu stabilisieren und sich die richtigen Fette zuzuführen. Nüsse und Samen, vor allem Leinsamen, enthalten hochwirksame Omega-3-Fettsäuren. Sie sind eine ideale Nahrung für den Arousal-Typ. Er sollte, wenn möglich, immer ein paar davon in der Tasche haben, um seinen Blutzuckerspiegel bei Bedarf auf *gesunde* Weise zu stabilisieren.

Vorsicht bei allen *gesalzenen* Nüssen. Sie können für den Arousal-Menschen zu viel Salz enthalten. Sie machen zudem besonders durstig, was gerade in Restaurants bedeutet, dass man unter Umständen vermehrt Alkohol trinkt.

Stärke

Die folgenden Kohlenhydrate sind zwar prinzipiell wegen ihres niedrigen glykämischen Indexes günstig, dennoch sollte der Arousal-Typ nur einen geringen Teil seines Kalorienbedarfs über diese Lebensmittel decken und diese auch stets mit anderen günstigen Lebensmitteln kombinieren.

Brot

Pumpernickel, Roggenbrot mit Natursauerteig, Roggenbrötchen mit Natursauerteig, Schrotbrot.

Getreide

Amaranth, Buchweizen, Dinkel, Gerste, Hirse, Quinoa, Roggen, Hafer, nur selten: Weizen.

Für den Arousal-Typ ist es überaus wichtig, jegliches Getreide immer erst einige Stunden einzuweichen und dann nur in gekochter Form zu verwenden. Denn rohes Getreide enthält viel Phytinsäure, eine Säure, welche die Verstoffwechslung von Kalzium negativ beeinflusst. Durch das Kochen wird die Phytinsäure unschädlich gemacht. So ist Müsli zwar für viele Menschen gesund, aber nicht unbedingt für den Arousal-Menschen.

Reis
Brauner Reis, Vollkornreis, Wildreis, Basmatireis.

Teigwaren
Pasta aus Hartweizen, Vollkornnudeln, Glasnudeln, nur selten: Eiernudeln.

Fälschlicherweise ging man lange davon aus, Pasta hätte einen sehr hohen glykämischen Index. Doch obwohl dem nicht so ist, sollte der Arousal-Typ nur Pastagerichte essen, die mit Protein und Fett angereichert sind. Spaghetti mit Olivenöl oder Tagliatelle mit Meeresfrüchten: eine gute Entscheidung. Aber eine Portion Spaghetti mit fettarmer Tomatensauce: Das ist für den Arousal-Menschen keine wirklich gute Idee.

Milchprodukte
Milchprodukte sind für den Arousal-Typ aufgrund ihres hohen Kalziumgehalts gut geeignet – dennoch: Er sollte darauf achten, dass es nicht zu einer Überstimulierung durch zu viel Protein kommt. Dies würde seinen ohnehin hohen Dopaminspiegel noch weiter steigern – mit dem Resultat einer vermehrten Gier nach Stärke oder Süßem. Ausreichend Kalzium ist auch in grünem Blattgemüse enthalten, es ist also keineswegs notwendig, den ganzen Tag Milchprodukte zu essen.

Überdies sind nicht alle Milchprodukte gleichermaßen günstig. Denn manche Milchprodukte enthalten so viel Milchzucker (Laktose), dass sie bei sensiblen Menschen ebenfalls den Blutzuckerspiegel destabilisieren können.

Günstige Milchprodukte sind Butterkäse, Edamer, Emmentaler, Feta, Gorgonzola, Gouda, Hartkäse, Kochkäse, Limburger, Mozzarella, Parmesan, Quark, Romadur, Roquefort, Schafskäse, Tilsiter, Ziegenfrischkäse, Ziegenkäse.

In Maßen: Joghurt natur, Milch, Hüttenkäse.

Emmentaler Käse ist besonders empfehlenswert, da dieser nicht nur einen hohen Kalziumgehalt aufweist, sondern auch Tryptophan enthält, das für einen stabilen Serotoninaufbau nötig ist.

Soja-Produkte

Miso, Soja-Sauce und Tempeh können unbedenklich gegessen werden, weil sie fermentiert wurden, ein Verarbeitungsprozess, der die Phytinsäure zerstört; denn die höchste Konzentration von Phytinsäure findet sich tatsächlich in Weizen, Hafer und Soja sowie Soja-Milch. Diese Produkte sind für den Arousal-Menschen daher nur in Maßen verträglich. Stehen z.B. Soja-Bohnen auf dem Speiseplan, dann sollten sie auf jeden Fall über Nacht eingeweicht werden, damit die Phytinsäure ausgeschwemmt wird.

Fisch/Meeresfrüchte

Aal, Austern, Blaufisch, Dorade, Engelfisch, Flunder, Forelle, Garnelen, Goldmakrele, Hecht, Heilbutt, Hering, Hummer, Kabeljau, Kamm-Muscheln, Krabben, Lachs, Makrele, Muscheln, Sardinen, Scampi, Schellfisch, Thunfisch, Tintenfisch, Wolfsbarsch, Zackenbarsch.

Fisch ist generell günstig, da er reich an Omega-3-Fettsäuren ist. Dies gilt auch für fetten Fisch. Dickmacher sind die gesättigten Fette sowie Transfette (das sind industriell hergestellte Fette, auf deren Verstoffwechslung der Körper nicht eingerichtet ist. Man sollte daher lieber etwas weniger Fisch essen, als fetten Fisch gänzlich zu meiden. Je öfter Fisch auf dem Speiseplan steht, desto besser.

Fleisch

Kalb, Kaninchen, Hase, Lamm, Reh/Hirsch, Wildschwein.

Geflügel

Ente, Fasan, Gans, Huhn, Pute, Rebhuhn, Wachtel.

Eier

Eier können für den Arousal-Menschen eine Überstimulierung bedeuten. Wer Eier mag, kann sie in Maßen essen. Wird zu einer Mahlzeit ein gekochtes Ei oder Rührei gegessen, dann möglichst in Kombination mit genügend Gemüse und etwas Kohlenhydraten, um der Überstimulierung entgegenzuwirken.

Öle/Fette

Der Arousal-Typ verträgt Fett besser als der Satiation-Typ. Er sollte sogar regelmäßig ein wenig Fett zu seinen Mahlzeiten essen, denn Fett trägt dazu bei, dass Kohlenhydrate langsamer verstoffwechselt werden, und bewahrt ihn insofern vor Heißhungerattacken.

Günstige Öle:
Hanfsamenöl, Leinöl, Rapsöl, Walnussöl.

Diese Öle sind jedoch nicht besonders geeignet zum Kochen, denn mehrfach ungesättigte Fettsäuren degenerieren unter dem Einfluss von Hitze und fördern dadurch die Bildung freier Radikale. Zum Kochen geeignet und empfehlenswert sind einfach ungesättigte Fettsäuren wie Olivenöl, aber auch – allerdings nur in sehr geringen Mengen – gesättigte Fette wie Butter.

Getränke
Gemüsesaft, Mineralwasser, alle Frucht- und Kräutertees, grüner Tee. Es sollten mindestens 3 Liter am Tag getrunken werden! Wobei man auf Folgendes achten sollte: Gemüsesäfte sind oft mit Salz und Honig angereichert, weshalb nur naturbelassene Produkte verzehrt werden sollten.

Ungünstige Lebensmittel für den Arousal-Menschen

Brot und Knabberkram
Baguette, Biskuitkuchen, Cornflakes, Croissants, Cracker und Graham Cracker, Hamburger, Kartoffelchips, Knäckebrot, Knuspermüsli, Kuchen, Laugengebäck, Pita-Brot, Pizza, Popcorn, Puffweizen, Roggencrisps, Tortilla-Chips, so genannte Vollkornbrötchen, die innen weiß oder mit Malzsirup gefärbt sind, Waffeln, Weißbrot etc.

Reis

Parboiled Reis, Puffreis, weißer Reis, Reis-Crispies, Reiskuchen, Reiswaffeln.

Milchprodukte

Brie, Buttermilch, Camembert, Cheddar, Crème fraîche, Dickmilch, Doppelrahmkäse, Frischkäse, Hüttenkäse, Joghurt, Kefir, Kondensmilch, Magerkäse, Schlagsahne, Saure Sahne, Schmelzkäse.

Fleisch

Schweine- und Rindfleisch.

Obst

Ananas, Apfelmus, Bananen, Clementinen, Datteln, Feigen, Honigmelone, Kiwi, Kochbananen, Mandarinen, Mango, Netzmelonen, Papaya, Rhabarber (enthält viel Oxalsäure, was die Aufnahme von Kalzium im Darm einschränkt), Rosinen, Satsumas, Wassermelone, Weintrauben, Zitrusfrüchte.

Achtung: Einige der hier genannten Obstsorten sind zwar prinzipiell gesund, enthalten aber sehr viel natürliche Süße. Dennoch essen Sie lieber ab und zu von diesem Obst als Gummibärchen oder anderes Zuckerzeug.

Generell meiden sollte der Arousal-Typ Zitrusfrüchte, insbesondere Orangen, Grapefruit und Clementinen, sie enthalten nicht nur viel zu viel Zucker für seinen Typ, sondern sind außerdem sehr kaliumreich. Zitronen können natürlich als Gewürz in Maßen verwendet werden.

Gemüse

Auberginen, Kartoffeln, Kichererbsen, Kürbis, Mais, Mangold, Möhren, Pastinaken, Rüben, Schwarzwurzeln, Spinat, Süßkartoffeln, Weizenkeime, Wurzelgemüse, Yams, Zucchini, Zuckerrüben.

Gekocht können Mangold und Spinat in Maßen verzehrt werden.

Diese Gemüsesorten enthalten entweder zu viel Kalium oder zu viel Stärke. Dennoch sind sie, verglichen mit dem Kuchenstück vom Bäcker um die Ecke, immer noch die sehr viel bessere Wahl. Wenn sie also im Folgenden Rezepte finden, die diese Gemüse enthalten und die Sie ausprobieren möchten, können Sie das gerne tun.

Es empfiehlt sich trotzdem, diese Gemüse mit Bedacht, also nicht in rauen Mengen zu genießen, da sie unter Umständen destabilisierend auf Ihren Blutzuckerspiegel wirken. Mais allerdings ist ein sehr stärkehaltiges Lebensmittel und sollte daher wirklich nur sehr selten auf dem Speiseplan stehen. Vorsicht also vor den angeblich „gesunden" Lebensmitteln, die viel Mais enthalten.

Öle/Fette

Meiden Sie möglichst alle Fette, die zu viele Omega-6-Fettsäuren oder gesättigte Fettsäuren enthalten wie:

Maisöl, Färberdistelöl, Sonnenblumenöl, Erdnussöl,

Schweineschmalz, Bratenfett, Margarine, Butter (höchstens zum Kochen und dann nur sehr wenig), Palmöl, Kokosöl.

Getränke

Diätgetränke:

Besonders fatal sind Diätgetränke wie Cola oder Limonade mit Süßstoff, aber auch sämtliche mit Süßstoffen auf „süß" getrimmten Lebensmittel. Denn durch den Konsum von so genannten Diätgetränken und -lebensmitteln entsteht der Bedarf nach weiterer Nahrungsaufnahme. Schmeckt die Zunge „süß", nimmt das Gehirn an, dass dem Körper Energie in Form von Zucker zugeführt wird. Es weist die Leber an, die Produktion von Zucker aus den Protein- und Stärkereserven des Körpers einzustellen und stattdessen die im Blut zirkulierenden Stoffwechselbrennstoffe zu speichern. Ein normaler Stoffwechsel gibt während der „Fastenphase" zwischen den Mahlzeiten die gespeicherte Energie ab. Deshalb hat man in dieser Zeit auch nicht ständig Hunger. Süßstoffe signalisieren dem Gehirn, dass die Fastenphase zu Ende ist und wieder Energie kommt. Folglich tut der Körper das, was er immer während der Nahrungsaufnahmephase tut: Er speichert Energie.

Daher fehlt dem Körper jetzt Energie – und er bekommt Hunger. So fördern sämtliche Süßstoffe Heißhungerattacken ganz ungemein – sowohl beim Arousal-Menschen als auch beim Satiation-Typ.

Alkohol:

Bier, Cocktails, Liköre, Wein, Sekt, Schnaps.

Wenn man eingeladen ist oder ausgeht, kann man durchaus ein, zwei Glas trockenen Weiß- oder Rotwein trinken. Von Cocktails sollte man jedoch in jedem Fall absehen, da sie nicht nur besonders viel Alkohol enthalten, sondern auch besonders viel Zucker. Je süßer ein alkoholhaltiges Getränk schmeckt, desto gefährlicher ist es, weil zwei Stimulanzien für die Belohnungsreaktion des Gehirns kombiniert werden: der Geschmack „süß“ und der Alkohol.

Sonstige:
Fruchtsäfte, mehr als 1 bis 2 Tassen Kaffee am Tag, Kakao, schwarzer Tee.

Kaffee und schwarzer Tee führen Kalzium ab, was die Stoffwechselprobleme des Arousal-Menschen noch verschlimmert.

Fruchtsäfte sind für den Arousal-Menschen deshalb so besonders ungünstig, weil sie erstens einen hohen glykämischen Index haben und daher sehr starke Blutzuckerschwankungen auslösen können und zweitens in der Regel viel Kalium enthalten (z.B. Apfelsaft).

Äußerst zuckerhaltige und daher ungünstige Lebensmittel
Ahornsirup, Apfeldicksaft, Birchermüsli, Birnendicksaft, Bonbons, Eiskrem, Fruchtgummi, Honig, Joghurt mit Süßstoff oder süßen Früchten, Ketchup, Limonade, Marmelade, Marzipan, Nutella, Schokolade usw.

Ahornsirup, Honig, Apfel- und Birnendicksaft gelten häufig als gesunde Alternativen zum Zucker. Tatsächlich sind sie gesünder, aber die Bauchspeicheldrüse reizen sie trotzdem. Auch sie provozieren eine hohe Insulinausschüttung, haben einen hohen glykämischen Index und führen in die Blutzuckerschaukel.

Zucker und Süßstoff
Süßstoffe sind sogar noch schlimmer als Zucker. Denn sie konditionieren das Gehirn auf das Bedürfnis nach Zucker und erzeugen künstlich Hunger (vgl. *Diätgetränke*). Daher ist es ausgesprochen ratsam, die Etiketten genau zu lesen. Letztlich sind *alle* Zuckerformen problematisch, mögen sie sich auch noch so gekonnt hinter Namen verstecken wie Dextrose, Maltose, Saccharose, Glukosesirup, Malzsirup, Malzzucker, Melasse, Milchzucker, Streuzucker, Traubenzucker.

Regelrecht lebensgefährlich sind industriell hergestellte Zuckerformen wie „High fructose corn syrup", ein „Wundermittel", das zu einem Großteil aus Fruktose besteht und das sehr viel süßer ist als alles, was in der Natur vorkommt. Fruktose ist an und für sich ein gesunder Zucker – wenn er so verwendet wird wie von der Natur bereitgestellt, also in Früchten und bestimmten Gemüsesorten. Die hier genannte Fruktose wird aus Mais hergestellt. Über bestimmte Getränke und Frühstücksflocken, die inzwischen alle mit dieser billig herzustellenden Supersüße „gezuckert" werden, nimmt der Mensch so große Mengen an Fruktose zu sich, wie sie niemals von der Natur vorgesehen waren. Die Fruktose stimuliert die Leber zur Abgabe von Fett ins Blut, weshalb sich die Blutfettwerte in einem viel stärkeren Maße erhöhen als durch einen noch so hemmungslosen Verzehr von fetthaltigen Lebensmitteln.

Grundsätzlich gilt also: Sämtliche Lebensmittel in möglichst naturbelassenem Zustand kaufen!

Fertiggerichte

Tiefgefrorene Fertiggerichte können berufstätigen Menschen helfen, regelmäßig Gemüse und gesunde Nahrungsmittel zu sich zu nehmen. Viele Tiefkühlkostgerichte enthalten sogar mehr Vitamine und Mineralstoffe als „frisches" Obst oder Gemüse, das zu lange gelagert wurde. Es ist jedoch wichtig, darauf zu achten, welche Fette für die Zubereitung der Tiefkühlkost verwendet wurden.

Insgesamt sind alle vorgebackenen Gerichte zum Wiederaufwärmen und Aufbacken wie Kuchen, Pizza etc. schädlich.

Ernährungsempfehlungen für den Satiation-Menschen

Der Satiation-Typ kann Kohlenhydrate sehr viel besser vertragen als der Arousal-Mensch. Er kann daher unter fast allen Kohlenhydraten relativ frei wählen – wobei natürlich auch für ihn gilt, dass die glykämische Ladung seiner Mahlzeiten ein gewisses Maß nicht übersteigen sollte.

Da er aber Kohlenhydrate sehr langsam verstoffwechselt, hat er weniger Probleme mit Blutzuckerinstabilität als der Arousal-Typ. Während der Arousal-Mensch stärker auf den glykämischen Index des einzelnen Lebensmittels achten muss, sollte der Satiation-Typ vor allem die glykämische Ladung einer Mahlzeit im Auge behalten. Tendenziell ist auch für ihn ein Übermaß an Stärke nicht günstig, denn auch bei ihm folgt auf die hohe glykämische Ladung einer Mahlzeit natürlich eine hohe Insulinausschüttung. Diese löst bei ihm zwar keine ausgeprägten Heißhungerattacken aus, provoziert aber häufig eine Gewichtszunahme.

Im Gegensatz zum Arousal-Menschen sollte der Satiation-Mensch Fett und Eiweiß eher reduzieren, denn zu viel Eiweiß macht ihn schlapp, müde oder reizbar. Aber: Ein gesunder Mensch braucht am Tag etwa 1 Gramm Eiweiß pro Kilogramm Körpergewicht – auch der Satiation-Typ. Jeder Mensch, der nur Kohlenhydrate isst, wird auf Dauer krank.

Günstige Lebensmittel für den Satiation-Menschen

Gemüse

Abgesehen von wenigen Ausnahmen extrem stärkehaltiger Gemüsesorten (siehe unten), kann der Satiation-Mensch alle Gemüsesorten bedenkenlos verzehren.

Besonders günstig für den Satiation-Menschen sind folgende, sehr *kalium*reiche Gemüsesorten: Avocado, Brokkoli, Sellerie, Kartoffeln, Kohl, Salat, Spargel.

Hülsenfrüchte

Butterbohnen, Grüne Bohnen, Kidneybohnen, Pintobohnen, Schwarze Bohnen, Sojabohnen, Wachsbohnen, Wachtelbohnen, Weiße Bohnen.

Hülsenfrüchte enthalten viel Kalium, weshalb sie für den Satiation-Menschen durchaus als günstig zu beurteilen sind.

Aber sie enthalten auch viel Eiweiß; daher sollte er sie auf jeden Fall mit stärkearmem Gemüse kombinieren, damit es nicht zu einer Überproduktion von Dopamin im Verhältnis zu Serotonin kommt.

Obst

Generell alle Obstsorten.

Gewürze und Gewürzkräuter

Apfelessig, Bierhefe, Biobin, Essig, Fleisch- und Gemüsebrühe, Ingwer, Kardamom, Koriandersamen, Kreuzkümmel, Kümmel, Kurkuma, Muskatnuss, Nelken, Paprikagewürz, Pfeffer, Piment, Safran, Senf, Speisesalz, Tabasco-Sauce, Wacholderbeeren, Zimt, Zitronengras.

Basilikum, Dill, Estragon, Kerbel, Koriander, Majoran, Minze, Oregano, Petersilie, Pimpinelle, Rosmarin, Salbei, Schnittlauch, Thymian, Zitronenmelisse.

Nüsse und Samen

Sämtliche Nüsse und Samen wie Leinsamen, Pinienkerne, Walnüsse, Haselnüsse, Erdnüsse, Sonnenblumenkerne, Mandeln, Cashewkerne etc.

Nüsse und Samen, sofern ungesalzen und ungeröstet, sind ein ausgezeichnetes Mittel, den Blutzuckerspiegel zu stabilisieren und sich die richtigen Fette zuzuführen. Nüsse, Samen und vor allem Leinsamen enthalten hochwirksame Omega-3-Fettsäuren. Sie sind proteinreich und daher eine ideale Fett- wie Eiweißquelle, sie enthalten aber auch genügend Stärke, so dass es nicht zu einer Überstimulierung kommt.

Stärke

Die folgenden Kohlenhydrate sind zwar prinzipiell günstig wegen ihres niedrigen glykämischen Indexes, und der Satiation-Mensch kann ja ohnehin besser mit stärkehaltigen Kohlenhydraten umgehen als der Arousal-Mensch, dennoch muss er – besonders wenn er unter Gewichtsproblemen leidet – aufpassen, dass er nicht ständig seinen Insulinspiegel mit zu viel Stärke steigert. Er sollte daher immer stärkehaltige Lebensmittel mit nicht stärkehaltigen Lebensmitteln wie den genannten Gemüsesorten kombinieren. Ferner sollte der Satiation-Mensch stärkehaltige Kohlenhydrate stets zusammen mit Protein essen – also mehr Hähnchen als Reis zum Mittag.

Brot

Pumpernickel, Roggenbrot mit Natursauerteig, Roggenbrötchen mit Natursauerteig, Schrotbrot.

Getreide

Amaranth, Buchweizen, Dinkel, Gerste, Hirse, Quinoa, Roggen, Hafer, nur selten: Weizen.

Der Satiation-Mensch kann durchaus sein Müsli essen, für ihn ist rohes Getreide nicht im selben Maße schädlich wie für den Arousal-Menschen.

Reis

Brauner Reis, Vollkornreis, Wildreis, Basmatireis.

Teigwaren

Pasta aus Hartweizen, Vollkornnudeln, Glasnudeln, nur selten: Eiernudeln.

Dass Pasta einen sehr hohen glykämischen Index hat, wurde mittlerweile widerlegt. Insofern kann der Satiation-Mensch Pasta ohne weiteres mit sehr wenig Fett und viel Gemüse kombinieren. Für ihn sind Spaghetti mit fettarmer Tomatensauce eine gesunde Mahlzeit, vor allem, wenn er – um des Proteins willen – ein wenig Parmesankäse hinzufügt. Spaghetti mit Olivenöl oder fetter Sahnesauce hingegen sollte er meiden.

Milchprodukte

Generell sind Milchprodukte aufgrund ihres hohen Kalziumgehalts für den Satiation-Menschen nicht so günstig wie für den Arousal-Menschen. Er muss ihnen nicht krampfhaft ausweichen, aber er sollte vorsichtig mit ihnen umgehen. Wenn er häufig grünes Blattgemüse isst, bekommt er automatisch genügend Kalzium.

Auch für den Satiation-Typ gilt, dass manche Milchprodukte aufgrund ihres hohen Gehalts an Milchzucker (Laktose) besonders ungünstig sind, da sie starke Blutzuckerschwankungen auslösen können.

Günstige Milchprodukte hingegen sind Butterkäse, Edamer, Emmentaler, Feta, Gorgonzola, Gouda, Hartkäse, Kochkäse,

Limburger, Mozzarella, Parmesan, Quark, Romadur, Roquefort, Schafskäse, Tilsiter, Ziegenfrischkäse, Ziegenkäse.

In Maßen: Joghurt natur, Milch, Hüttenkäse (enthält allerdings auch relativ viel Milchzucker).

Soja-Produkte

Alle Soja-Produkte können in Maßen gegessen werden.

Fisch/Meeresfrüchte

Aal, Austern, Blaufisch, Dorade, Engelfisch, Flunder, Forelle, Garnelen, Goldmakrele, Hecht, Heilbutt, Hering, Hummer, Kabeljau, Kamm-Muscheln, Krabben, Lachs, Makrele, Muscheln, Sardinen, Scampi, Schellfisch, Thunfisch, Tintenfisch, Wolfsbarsch, Zackenbarsch.

Fisch ist generell günstig, da er reich an Omega-3-Fettsäuren ist. Dies gilt auch für fetten Fisch, denn die Fette, die aus Fisch gewonnen werden, sind gesund. Dickmacher sind die gesättigten Fette sowie Transfette, chemisch hergestellte Fette, auf deren Verstoffwechslung der Körper nicht eingerichtet ist (z.B. in Margarine zu finden). Man sollte daher lieber etwas weniger Fisch essen, als fetten Fisch gänzlich zu meiden. Je öfter Fisch auf dem Speiseplan steht, desto besser. Da es sich um dringend benötigte Fette handelt, kann auch der Satiation-Mensch bedenkenlos zugreifen – wenn er genügend Kohlenhydrate zu der Mahlzeit kombiniert.

Fleisch

Kalb, Kaninchen, Hase, Lamm, Reh/Hirsch, Wildschwein.

Geflügel
Ente, Fasan, Gans, Huhn, Pute, Rebhuhn, Wachtel.

Eier
Wer Eier mag, kann sie in Maßen essen. Doch möglichst immer in Kombination mit genügend Gemüse und etwas Kohlenhydraten.

Öle/Fette
Der Satiation-Typ sollte stets sehr, sehr sparsam mit Fett umgehen.

Günstige Öle:
Hanfsamenöl, Leinöl, Rapsöl, Walnussöl.

Diese Öle sind jedoch nicht besonders geeignet zum Kochen, denn mehrfach ungesättigte Fettsäuren degenerieren unter dem Einfluss von Hitze und fördern so die Bildung freier Radikale. Zum Kochen geeignet und empfehlenswert sind einfach ungesättigte Fettsäuren wie Olivenöl, aber auch – in sehr geringen Mengen – gesättigte Fette wie Butter.

Getränke
Naturbelassener Gemüsesaft, Mineralwasser, alle Frucht- und Kräutertees, grüner Tee. Es sollten mindestens 3 Liter am Tag getrunken werden!

Ungünstige Lebensmittel für den Satiation-Menschen

Brot und Knabberkram

Baguette, Biskuitkuchen, Cornflakes, Cracker, Croissants, Graham Cracker, Hamburger, Kartoffelchips, Knäckebrot, Knuspermüsli, Kuchen, Laugengebäck, Pita-Brot, Pizza, Popcorn, Puffweizen, Roggencrisps, Tortilla-Chips, so genannte Vollkornbrötchen, die innen weiß oder mit Malzsirup gefärbt sind, Waffeln, Weißbrot etc.

Reis

Parboiled Reis, Puffreis, weißer Reis, Reis-Crispies, Reiskuchen, Reiswaffeln.

Milchprodukte

Der Satiation-Mensch kann im Prinzip alle Milchprodukte essen, aber: Er sollte auf einen möglichst niedrigen Fettgehalt achten und zudem nur sehr wenige seiner täglichen Kalorien aus Milchprodukten beziehen, da sie die Balance zwischen zu viel Kalzium und zu wenig Kalium zu seinen Ungunsten verschlechtern können.

Fleisch

Schweine- und Rindfleisch.

Obst

Generell kann der Satiation-Mensch alle Obstsorten essen – wenn er merkt, dass sein Blutzuckerspiegel dies verträgt.

Wenn er merkt, dass er nach dem Genuss von bestimmten Obstsorten Heißhungerattacken bekommt, sollte er sich an die Liste für den Arousal-Menschen halten.

Gemüse

Letztlich sind auch für den Satiation-Menschen alle sehr stärkehaltigen Gemüsesorten wie Kichererbsen, Kürbis, Mais, Pastinaken, Rüben, Schwarzwurzeln, Süßkartoffeln, Wurzelgemüse, Yams, Zuckerrüben nicht so günstig, er kann sie aber in Maßen essen.

Öle/Fette

Meiden Sie möglichst alle Fette, die zu viele Omega-6-Fettsäuren oder gesättigte Fettsäuren enthalten wie Maisöl, Färberdistelöl, Sonnenblumenöl, Erdnussöl, Schweineschmalz, Bratenfett, Margarine, Butter (höchstens zum Kochen und dann nur sehr wenig), Palmöl, Kokosöl.

Getränke

Diätgetränke:
Siehe Seite 55.

Alkohol:
Bier, Cocktails, Liköre, Wein, Sekt, Schnaps.

Wenn man eingeladen ist oder ausgeht, kann man durchaus ein, zwei Glas trockenen Weiß- oder Rotwein trinken. Von Cocktails sollte man jedoch in jedem Fall absehen, da sie nicht nur besonders viel Alkohol enthalten, sondern auch besonders viel Zucker. Je süßer ein alkoholhaltiges Getränk schmeckt, desto gefährlicher ist es, weil zwei Stimulanzien für die Belohnungsreaktion des Gehirns kombiniert werden: der Geschmack „süß“ und der Alkohol.

Sonstige:
Fruchtsäfte, mehr als 1 bis zwei Tassen Kaffee pro Tag, Kakao, schwarzer Tee.

Der Satiation-Mensch kann naturbelassene Gemüsesäfte wie Tomatensaft oder Möhrensaft in Maßen trinken.

Äußerst zuckerhaltige und daher ungünstige Lebensmittel
Ahornsirup, Apfeldicksaft, Birchermüsli, Birnendicksaft, Bonbons, Eiskrem, Fruchtgummi, Honig, Joghurt mit Süßstoff oder süßen Früchten, Ketchup, Limonade, Marmelade, Marzipan, Nutella, Schokolade usw.

Ahornsirup, Honig, Apfel- und Birnendicksaft gelten häufig als gesunde Alternativen zum Zucker. Tatsächlich sind sie gesünder, aber die Bauchspeicheldrüse reizen sie trotzdem. Auch diese Süßungsmittel haben einen hohen glykämischen Index und provozieren eine entsprechend massive Insulinausschüttung, was in die Blutzuckerschaukel hineinführt.

Zucker und Süßstoff
Süßstoffe sind noch schlimmer als Zucker. Denn sie konditionieren das Gehirn auf das Bedürfnis nach Zucker und erzeugen künstlich Hunger (vgl. *Diätgetränke*). Daher ist es äußerst ratsam, sich die Inhaltsstoffe auf den Etiketten genau

durchzulesen. Letztlich sind alle Zuckerformen problematisch, mögen sie sich auch noch so gekonnt hinter Namen verstecken wie Dextrose, Maltose, Saccharose, Glukosesirup, Malzsirup, Malzzucker, Melasse, Milchzucker, Streuzucker, Traubenzucker, Corn syrup.

Regelrecht lebensgefährlich sind auch für den Satiation-Menschen industriell hergestellte Zuckerformen wie „High fructose corn syrup“ (siehe Seite 57f).

Grundsätzlich gilt: Möglichst sämtliche Lebensmittel in naturbelassenem Zustand kaufen!

Fertiggerichte

Insgesamt sind alle vorgebackenen Gerichte zum Wiederaufwärmen und Aufbacken wie Kuchen, Pizza etc. zu meiden.

Satiation oder Arousal? Woher weiß ich, was ich bin?

Beobachten Sie sich:

Ein langsamer Verbrenner, also der Satiation-Typ, hat eher die Tendenz „zu essen, um zu leben“ anstatt „zu leben, um zu essen“. Er kann durchaus mal eine Mahlzeit auslassen, ohne an Energieverlust oder einem dramatischen Absinken des Blutzuckerspiegels zu leiden. Ihm fällt es relativ leicht, vier oder mehr Stunden ohne Nahrungsaufnahme durchzuhalten.

Der Konsum von Käse, Gebäck, Chips und Butter macht ihn eher lethargisch, anstatt Energie zu geben. Ebenso gilt, dass eine Mahlzeit mit vielen Nüssen, Samen, Bohnen, Fisch oder Tofu, also eine Mahlzeit mit viel Eiweiß und Fett, seine Energie nach der Mahlzeit vermindert. Der Genuss von Süßigkeiten, Weizen oder Früchten dagegen gibt ihm – mindestens kurzfristig – die fehlende Energie zurück. Eine Mahlzeit mit vielen Kohlenhydraten, relativ wenig Protein und wenig Fett (wie Salat, Körner) gibt ihm ein Gefühl der Befriedigung und neuer Energie. Das Gefühl von Wohlbefinden nimmt nach dem Konsum von Süßigkeiten zu. Salzige Speisen hingegen schmecken häufig zu salzig.

Ein schneller Verbrenner fühlt sich – im Gegensatz zum langsamen Verbrenner – nach einer Mahlzeit, die nur aus Kohlenhydraten besteht, meist nicht befriedigt. Wenn er dagegen fett- und eiweißreich gegessen hat, fühlt er sich wohl. Eigentlich müsste er häufig etwas essen, um sich energetisch gut zu fühlen. Wenn er einen Apfel oder eine Orange isst, steigt sein Hungergefühl eher noch an.

Fazit:

- Wenn Sie sich nach einer kohlenhydratreichen, aber fett- und eiweißarmen Mahlzeit besser fühlen, dann ist die Wahrscheinlichkeit hoch, dass sie ein langsamer Verbrenner sind.
- Wenn Sie sich nach einer eiweiß- und fettreichen, aber kohlenhydratarmen Mahlzeit gut fühlen, ist die Wahrscheinlichkeit hoch, dass sie ein schneller Verbrenner sind.
- Vertragen Sie beides problemlos, sind Sie wahrscheinlich ein Mischtyp.

In „Ausstieg aus der Zuckersucht“ ist eine Vielzahl von Persönlichkeitsmerkmalen und Charaktereigenschaften des Arousal- sowie des Satiation-Typs beschrieben. Darin finden Sie auch einen Test, um mehr über sich zu erfahren, sowie eine detaillierte Beschreibung der beiden Ernährungstypen.

Für den Anfang genügt es jedoch, wenn Sie die hier gegebenen Hinweise und Tipps berücksichtigen und die Rezepte dieses Buches ausprobieren. Registrieren Sie, wie Sie sich fühlen – und handeln Sie entsprechend, modifizieren Sie Ihren neuen Speiseplan nach Ihren neu geweckten Bedürfnissen. Denn niemand ist ein besserer Experte als Sie selbst.

In diesem Sinne wünsche ich Ihnen viel Spaß beim Kochen, einen gesunden Appetit und neue Lebensfreude voller Energie.

Ralph Terjung
Die Rezepte

Die Quinoa-Rezepte auf den Seiten 143 – 148 wurden von Susanne Wenzel, Berlin, entwickelt. Herzlichen Dank!

Mein Dank gilt auch Ingrid Schek, die die Gemüserezepte auf den Seiten 153 – 163 eigens für die Omega-Diät entwickelt hat.

Die Einführungstexte stammen von Inke Jochims.

Die Nährwertangaben zu den einzelnen Rezepten wurden mit Hilfe von DGE-PC professional, der Ernährungs-Software der Deutschen Gesellschaft für Ernährung ermittelt.

Frühstück

Viele Menschen mögen kein Frühstück. Sie haben es morgens eilig, haben einfach noch keinen Hunger. Vor allem viele Frauen frühstücken schon seit Jahren nicht, meinen sogar, dass es sie tagsüber noch hungriger werden lässt, wenn sie frühstücken, und sie dann erst recht anfangen, sich zu überessen.

Doch was passiert, wenn man nicht frühstückt?

Das englische Wort für Frühstück ist bekanntlich „breakfast“ und bedeutet wörtlich übersetzt soviel wie „Fastenbrechen“. Das Fasten der Nacht. Nehmen wir also an, Sie hatten Ihr Abendessen zwischen 18 Uhr und 20 Uhr. Sofort nach dem Abendessen beginnt die Verdauung; Nährstoffe gelangen ins Blut. Bereits drei Stunden nach Beendigung der Mahlzeit sind die meisten Nährstoffe im Blut gelöst. Während des Schlafs werden diese nun für Stoffwechselprozesse verbraucht bzw. überflüssige Fettsäuren gespeichert. Im Blut herrscht morgens somit ein Mangel an Nährstoffen aller Art. Sensoren im Gehirn und in den Körperzellen registrieren das genau – und um 8 Uhr morgens beginnt das Gehirn zu mutmaßen, dass, wenn nun nicht bald etwas gegessen wird, das Level der benötigten Nährstoffe, vor allem das Glukose-Level (Blutzuckerspiegel) unter einen bedrohlichen Wert sinken wird.

Folglich sendet das Gehirn mittels hormoneller Botschaften feine, subtile Signale an das Bewusstsein wie „Mensch, iss ein Frühstück“. Wird diese Botschaft unterdrückt oder überhört, registrieren Gehirn und Körper, dass die Nährstoff-Niveaus weiterhin fallen. Denn nun werden Sie aktiv, gehen zur Arbeit, bewegen sich, kurbeln Ihren Stoffwechsel an – und all das verbraucht Energie.

Einer der wichtigsten und ersten Botenstoffe, die das Gehirn zur Verfügung hat, um den Menschen zu motivieren, doch etwas zu essen, ist das Hormon NPY (Neuropeptid Y). Es regt den Appetit auf Kohlenhydrate an, signalisiert also, man möge bitteschön Müsli oder Brötchen essen. Der Spiegel von NPY sinkt erst, wenn wieder etwas gegessen wird und Gehirn und Körper registrieren, dass auch für den folgenden Tag genug Nahrung vorhanden ist. Sonst bleibt das NPY hoch und sendet: „Kohlenhydrate – Kohlenhydrate – Kohlenhydrate". Wird diese dringliche Botschaft weiterhin ignoriert, gehen Gehirn und Körperzellen im Laufe des Vormittags davon aus, dass der Blutzucker – wie die Spiegel anderer lebenswichtiger Nährstoffe – unter einen bedrohlichen Punkt sinken wird. Wenn jetzt immer noch kein Essen kommt, beginnt das Gehirn über hormonelle Botschaften, das „Überlebenssystem" des Körpers zu aktivieren. Dieses ist darauf eingerichtet, gespeicherte körpereigene Nährstoffe zwecks Überlebens zu mobilisieren. Es schüttet Hormone aus, die es den Fettzellen erleichtern, gespeicherte Fettsäuren ins Blut abzugeben, wo sie zur Energiegewinnung genutzt werden. Die Leber wird „instruiert", gespeichertes Glykogen in Glukose umzuwandeln. Gegen 11 Uhr ist dieser Prozess im Prinzip abgeschlossen, und sowohl der Blutzuckerspiegel als auch die Level anderer Nährstoffe sind immerhin wieder so hoch, dass sich ein Mensch gesund fühlt und auch ohne Nahrung weiterhin angemessen funktionieren kann. Im Prinzip ist der Körper nun in der Lage, wochenlang ohne Nahrung zu überleben, sofern er genug Vitamine und ausreichend Wasser erhält. Dieses „Überlebenssystem“ ist seit Hunderttausenden von Jahren in unseren Genen angelegt und wirkt bis heute.

Mit dem einzigen Unterschied, dass unsere Urahnen nicht auf Diät, sondern wirklich vom Verhungern bedroht waren. Doch Gehirn und Körper begnügten sich schon damals nicht einfach damit, das aktuelle physische Überleben sicherzustellen. Hormonell sollte der Mensch motiviert werden, etwas gegen einen eventuellen Hungertod zu unternehmen – und das um fast jeden Preis.

Die Hormone, die uns erlauben, von unseren Reserven zu zehren, erreichen durch einen Rückkopplungsprozess die Appetitregulationszentren des Gehirns. Der Urmensch sollte jagen und Nahrung sammeln, statt faul herumzusitzen, da er sonst verhungert wäre. Dieselben Mechanismen greifen noch heute – mit folgendem Ergebnis:

Die Gedanken des hungernden Menschen kreisen mehr und mehr um die Themen Nahrung und Nahrungsaufnahme. Bei einem süchtigen Menschen nimmt der Suchtdruck zu.

Je öfter gewollte Hungerphasen, desto weniger nimmt der Mensch noch wahr, wenn er angenehm gesättigt ist. Er verliert allmählich die Fähigkeit, mit dem Essen aufzuhören, bevor sein Magen völlig überfüllt ist.

Die Überlebenssysteme des Gehirns setzen den so genannten freien Willen zunehmend außer Kraft, um den Menschen zur Jagd nach Nahrung zu bewegen. Heute gibt es einen Kühlschrank, auf den man sich irgendwann wie automatisch zu bewegt.

Die Folge eines ausgelassenen Frühstücks ist somit ein übermäßiges Abendessen oder gar eine Heißhungerattacke am Nachmittag.

Wie kommt es aber, so werde ich oft gefragt, dass manche Menschen morgens tatsächlich keinen Hunger haben und häufig bis mittags keinerlei Magenknurren auftritt? Die Begründung dafür ist, dass manche Menschen schon am frühen Morgen unter Stress stehen; sie wachen mit einer To-Do-Liste im Kopf auf und gehen unter der Dusche die einzelnen Tagesordnungspunkte durch. Dabei schüttet der Körper so viel Cortisol und Adrenalin aus, dass sich kein Hungergefühl entwickelt. Denn Gehirn und Körper werden von der Minute des Aufwachens an auf „Stress" eingestellt – und bei Stress wird die natürliche Hungerreaktion unterdrückt.

Es handelt sich dabei keineswegs um einen gesunden Zustand, sondern vielmehr um den Türöffner für eine Essstörung: Unmengen Zucker am Nachmittag und Heißhunger am Abend, manchmal durch Erbrechen korrigiert. Auch andere Suchtformen werden so „optimal" vorbereitet.

An Frühstück kann man sich nach und nach gewöhnen. Wer regelmäßig um 8 Uhr ausgewogen frühstückt, hat mittags tatsächlich wieder Hunger. Aber einen angemessenen, gesunden Hunger. Ein wichtiger Schritt in eine suchtfreie, selbstverständliche Ernährung.

Die folgenden Rezeptvorschläge sind als Anregung gedacht.

Basilikum-Aufstrich

Zutaten für 4 Portionen:
50 g Pinienkerne
300 g Frischkäse, fettarm, evtl. Ziegenfrischkäse
2 EL Joghurt
1/2 Bund Basilikum
50 g getrocknete Tomaten in Öl
Salz, Pfeffer

Nährwertangaben pro Portion: Energie 343 kcal, Fett 31,5 g, Kohlenhydrate 3,67 g, Protein 11,7 g, Wasser 61,1 g, Cholesterin 78,3 mg, Alkohol 0 g, gesättigte Fettsäuren 15,5 g, Omega-3-Fettsäuren 407 mg, Omega-6-Fettsäuren 3,45 g, Broteinheiten 0,308 BE

Nur für Satiation geeignet

Vorbereitung

1 Basilikum klein schneiden.
2 Tomaten würfeln. (Das Öl bitte nicht weggießen.)
3 Frischkäse und Joghurt cremig rühren.

Zubereitung

1 Pinienkerne in einer beschichteten Pfanne ohne Öl ganz kurz rösten.
2 Tomaten mit 1 Esslöffel des Tomaten-Öls, Gewürzen und Basilikum in die Käse-Joghurt-Creme rühren.
3 Pinienkerne unterheben.

Essen Sie dazu ein Roggen- oder ein richtiges Vollkornbrot.

Avocado-Dip

Zutaten für 4 Portionen:
3 reife Avocados
1 Zitrone
125 g Joghurt
1 Zwiebel
1 Knoblauchzehe
Salz, Pfeffer,
Cayennepfeffer
(alternativ: Currypulver)

Nährwertangaben pro Portion: Energie 242 kcal, Fett 23,3 g, Kohlenhydrate 4,35 g, Protein 3,17 g, Wasser 123 g, Cholesterin 4,37 mg, Alkohol 0 g, gesättigte Fettsäuren 4,08 g, Omega-3-Fettsäuren 154 mg, Omega-6-Fettsäuren 2,16 g, Broteinheiten 0,357 BE

Geeignet für Satiation und Arousal

Zitrusfrüchte und Joghurt sind für Arousal-Menschen nicht wirklich günstig. Aber in den Mengen, die in diesem Rezept verwendet werden, sind sie okay.

Die Menge des zugeführten Kaliums im Verhältnis zum Kalzium fördert eher den Satiation-Typ. Der Arousal-Mensch kann diesen Dip jedoch auch in gewissen Abständen essen. Registrieren Sie, wie Sie sich nach der Mahlzeit fühlen, und entscheiden Sie dann, ob dieser Dip für Sie in Frage kommt.

Vorbereitung

1 Zitrone auspressen.
2 Die Avocados schälen, halbieren und den Kern herauslösen.
3 Das Fruchtfleisch in feine Würfel schneiden.

4 Fruchtfleisch sofort mit dem Zitronensaft beträufeln.
5 Zwiebel reiben. (Entfällt, wenn Sie eine Küchenmaschine verwenden; dann nur in kleine Stücke schneiden.)
6 Knoblauch pressen. (Entfällt, wenn Sie eine Küchenmaschine verwenden; dann nur in kleine Stücke schneiden.)

Zubereitung

1 Zwiebel und Knoblauch zu den Avocados geben.
2 Joghurt unterrühren, alles mit dem Stabmixer mixen.
3 Mit Pfeffer, Salz und etwas Cayennepfeffer abschmecken.

Dazu passt Vollkornbrot/Vollkornbrötchen, möglichst aus Roggen.

Für eine schmackhafte Variation dieses Dips verwenden Sie Currypulver statt Cayennepfeffer.

Heidelbeer-Aprikosen-Joghurt

Zutaten für 4 Portionen:
600 g Naturjoghurt
200 g Heidelbeeren (evtl. tiefgefrorene verwenden; alternativ: Himbeeren)
200 g Aprikosen
1 Vanilleschote (Mark)
2 TL Zimt

Nährwertangaben pro Portion: Energie 140 kcal, Fett 5,64 g, Kohlenhydrate 14,7 g, Protein 5,75 g, Wasser 217 g, Cholesterin 21,0 mg, Alkohol 0 g, gesättigte Fettsäuren 3,5 g, Omega-3-Fettsäuren 88,3 mg, Omega-6-Fettsäuren 263 mg, Broteinheiten 1,22 BE

Geeignet für Arousal und Satiation

Auch hier gilt, dass Joghurt in Maßen auch für den Arousal-Menschen okay ist. Entscheiden Sie selbst, ob Sie nach dem Genuss von Joghurt Heißhungerattacken bekommen oder nicht. Wenn nicht, können Sie dieses Frühstück genießen.

Vorbereitung
1 Heidelbeeren waschen und abtropfen lassen.
2 Aprikosen entsteinen.
3 Vanilleschote auskratzen.

Zubereitung
1 Joghurt mit Zimt und dem Mark der Vanilleschote in einer Schüssel verrühren.
2 Heidelbeeren und Aprikosen vorsichtig unterheben.

Keimsprossen-Frühstück

Zutaten für 4 Portionen:
80 g gekeimter Dinkel
16 EL Kefir
200 g Sellerie
200 g säuerlicher Apfel
8 TL gehackte Zitronen-melisse
4 mittelgroße Bananen

Nährwertangaben pro Portion: Energie 164 kcal, Fett 1,16 g, Kohlenhydrate 32,6 g, Protein 4,01 g, Wasser 216 g, Cholesterin 2,25 mg, Alkohol 188 mg, gesättigte Fettsäuren 493 mg, Omega-3-Fettsäuren 110 mg, Omega-6-Fettsäuren 175 mg, Broteinheiten 2,7 BE

Geeignet für Satiation

Vorbereitung
1 Dinkel keimen lassen.
2 Sellerie und Apfel in dünne Scheiben schneiden.
3 Zitronenmelisse waschen, putzen, hacken.
4 Bananen würfeln.

Zubereitung
1 Den Dinkel mit dem Kefir verrühren.
2 Apfel, Sellerie und Zitronenmelisse vorsichtig unterheben.
3 Bananen vorsichtig unterheben.

Quark mit Obst

Zutaten für 2 Portionen:
250 g Quark (Magerquark)
ca. 300 g Obst
10 g gehackte Walnüsse
oder Haselnüsse

Nährwertangaben für Quark und Nüsse (1 Portion): Energie 211 kcal, Fett 16,0 g, Kohlenhydrate 4,53 g, Protein 12,0 g, Wasser 95,2 g, Cholesterin 38,8 mg, Alkohol 0 g, gesättigte Fettsäuren 8,15 g, Omega-3-Fettsäuren 341 mg, Omega-6-Fettsäuren 2,08 g, Broteinheiten 0,384 BE

Geeignet für Satiation und Arousal

Vorbereitung

1 Obst in kleine Stücke schneiden.
2 Quark mit einem Esslöffel Wasser glatt rühren.

Zubereitung

1 Quark und Obst vorsichtig vermischen.
2 Mit den Nüssen bestreuen.

Günstiges Obst für Satiation

Generell alle Obstsorten.

Günstiges Obst für Arousal

Äpfel, Aprikosen, Birnen, Erdbeeren, Heidelbeeren, Himbeeren, Holunderbeeren, Kirschen, Pfirsiche, Pflaumen, Sanddorn.

Warmes Frühstück mit Quinoa

Zutaten für 1 Portion:
150 g Quinoa
100 ml Milch
1 TL (ausnahmsweise) kaltgeschleuderter Honig
1/2 Tasse klein geschnittenes Obst nach Wahl
(siehe Seite 82)
evtl. Koriander

Nährwertangaben pro Portion: Energie 327 kcal, Fett 5,68 g, Kohlenhydrate 56,0 g, Protein 12,1 g, Wasser 86,4 g, Cholesterin 6,5 mg, Alkohol 0 g, gesättigte Fettsäuren 1,48 g, Omega-3-Fettsäuren 186 mg, Omega-6-Fettsäuren 1,94 g, Broteinheiten 5,37 BE

Geeignet für Satiation und Arousal

Vorbereitung

1 Quinoa eine Viertelstunde lang vorsichtig kochen.
2 Abkühlen lassen.
3 Obst klein schneiden.

Zubereitung

1 Alle Zutaten vermischen.
2 Mit Koriander garnieren (nach Geschmack).

Suppen

Suppen sind eine ideale Zwischenmahlzeit oder auch Vorspeise. Man kann sie gut vorbereiten und nachmittags wieder aufwärmen. Sie können jedoch auch als eigenständige Mahlzeit gewählt werden.

Erbsensuppe mit Shiitake-Pilzen

Zutaten für 4 Portionen:
250 g grüne Erbsen (500 g Erbsen mit Schoten oder 250 g tiefgekühlte Erbsen)
1 Tasse Wasser
1 l Gemüsebrühe
200 g Shiitake-Pilze (alternativ: Champignons)
2 EL Olivenöl
1 EL gemahlenes Dinkelmehl
1 EL gemahlene Mandeln
1 EL Currypulver
Salz, Pfeffer
1/4 l Milch

Nährwertangaben pro Portion: Energie 204 kcal, Fett 10,1 g, Kohlenhydrate 20,6 g, Protein 9,60 g, Wasser 428 g, Cholesterin 8,17 mg, Alkohol 0 g, gesättigte Fettsäuren 2,41 g, Omega-3-Fettsäuren 142 mg, Omega-6-Fettsäuren 951 mg, Broteinheiten 1,31 BE

Geeignet für Satiation und Arousal

Vorbereitung

1 Die Gemüsebrühe zubereiten.
2 Pilze in feine Streifen schneiden.
3 Frische Erbsen aus der Schote lösen. (Oder tiefgekühlte Erbsen verwenden.)

Zubereitung

1 Die Erbsen mit Wasser zum Kochen bringen und 5 Minuten kochen lassen.

2 Die Gemüsebrühe dazugießen und weitere 15 Minuten kochen lassen.
3 Die Suppe durch ein Sieb streichen oder im Mixer pürieren.
4 Das Öl in einem Topf erhitzen.
5 Die Pilzstreifen darin von allen Seiten anbraten.
6 Mehl, Mandeln und Currypulver hinzugeben und anrösten.
7 Die Suppe hinzufügen. Zum Kochen bringen.
8 Mit Salz würzen und fünf Minuten kochen lassen.
9 Die Milch einrühren.

Rote Paprikasuppe mit Polenta-Nocken

Zutaten für 4 Portionen:
Suppe
1/2 weiße Zwiebel
3 Knoblauchzehen
4 rote Paprikaschoten
2 EL Paprikapulver
2 EL Olivenöl
4 Kartoffeln
3/4 l Gemüsebrühe
Salz, Pfeffer, frische
Kräuter zum Garnieren
Polenta-Nocken
1 Ei
40 g flüssige Butter
100 g Polentagrieß
2 EL Safran

Nährwertangaben pro Portion: Energie 345 kcal, Fett 18,0 g, Kohlenhydrate 36,4 g, Protein 8,64 g, Wasser 358 g, Cholesterin 83,5 mg, Alkohol 0 g, gesättigte Fettsäuren 6,76 g, Omega-3-Fettsäuren 341 mg, Omega-6-Fettsäuren 1,73 g, Broteinheiten 3,04 BE

Geeignet für Satiation

Statt Polenta-Nocken eignen sich auch Nudeln oder Vollkornreis als Einlage.

Vorbereitung
1 Rohe Kartoffeln schälen und klein schneiden.
2 Paprikaschoten vom Kerngehäuse befreien und in Würfel schneiden.
3 Knoblauchzehen schälen und fein hacken.

4 Zwiebel schälen und klein schneiden.
5 Butter in einem Töpfchen schmelzen.
6 Gemüsebrühe zubereiten.

Zubereitung

1 Zwiebel, Kartoffeln, Knoblauch und Paprika in Olivenöl anbraten.
2 Paprikapulver hinzugeben, mit der Gemüsebrühe auffüllen.
3 Suppe 20 Minuten köcheln lassen, dann mit dem Stabmixer pürieren.
4 Mit Salz und Pfeffer abschmecken.

Für die Nocken

1 Das Ei mit einem Schneebesen in die flüssige Butter einarbeiten.
2 Safran zugeben und den Polentagrieß einrühren.
3 Mit Salz abschmecken.
4 Mit feuchten Händen kleine Bällchen aus der Masse formen und in heißem, aber nicht kochendem Salzwasser 5 Minuten ziehen lassen.
5 Topf vom Herd nehmen und etwa 15 Minuten ziehen lassen.

Fertige Suppe in Suppentassen füllen, Nocken hineinlegen und mit frischen gehackten Kräutern garnieren.

Weiße Bohnensuppe

Zutaten für 4 Portionen:
4 Tassen getrocknete weiße Bohnen
5 Zwiebeln
1 Sellerieknolle
Selleriegrün
3 Knoblauchzehen
5 reife Tomaten
3 EL Olivenöl
Salz, Pfeffer

Nährwertangaben pro Portion: Energie 374 kcal, Fett 20,3 g, Kohlenhydrate 31,4 g, Protein 16,1 g, Wasser 225 g, Cholesterin 188 µg, Alkohol 0 g, gesättigte Fettsäuren 3,00 g, Omega-3-Fettsäuren 527 mg, Omega-6-Fettsäuren 2,08 g, Broteinheiten 2,63 BE

Geeignet für Satiation und Arousal

Vorbereitung

1 Tomaten pürieren.
2 Knoblauchzehen schälen und hacken.
3 Sellerieknolle putzen und klein schneiden.
4 Zwiebeln schälen und klein schneiden.

Zubereitung

1 Die Bohnen mit Wasser bedecken und ohne Salz aufkochen.
2 Die Bohnen abgießen und anschließend erneut in einen Topf mit so viel Wasser geben, dass sie gerade bedeckt sind.
3 Nach kurzem Aufkochen vom Herd nehmen und 1 Stunde im heißen Wasser stehen lassen.

4 Die Bohnen abgießen, dabei das Bohnenwasser auffangen und die Bohnen abtropfen lassen.
5 Bohnen mit Sellerie, Zwiebeln, Knoblauchzehen und den pürierten Tomaten vermengen und in einen Topf geben.
6 Das Öl hinzugießen, alles mit Wasser – dazu das Kochwasser der Bohnen verwenden! – bedecken und so lange kochen, bis das Gemüse zerfällt.
7 Mit Salz und Pfeffer abschmecken.

Fischsuppe mit Aprikosen

Zutaten für 4 Personen:
2 Zwiebeln
2 Möhren
2 Kartoffeln
4 Aprikosen (frisch oder getrocknet)
2 Stangen Staudensellerie
2 EL Olivenöl
700 ml Fischfond
500 g geschälte Tomaten (aus der Dose)
1 TL Tabasco
1 Lorbeerblatt
je 1 TL schwarze Pfefferkörner und Thymian
2 Gewürznelken
500 g helles Fischfilet (Seelachs oder Schellfisch)
2 EL gehackte Petersilie

Nährwertangaben pro Portion: Energie 309 kcal, Fett 15,2 g, Kohlenhydrate 13,0 g, Protein 29,0 g, Wasser 535 g, Cholesterin 68,8 mg, Alkohol 0 g, gesättigte Fettsäuren 3,86 g, Omega-3-Fettsäuren 615 mg, Omega-6-Fettsäuren 1,82 g, Broteinheiten 1,06 BE

Geeignet für Satiation

Vorbereitung

1 Zwiebeln schälen und grob hacken.
2 Petersilie hacken. (Oder tiefgekühlte Petersilie verwenden.)
3 Möhren schälen, in etwa 1 cm große Würfel schneiden.

4 Rohe Kartoffeln schälen und ebenfalls in etwa 1 cm große Würfel schneiden.
5 Aprikosen entkernen und in 1 cm große Würfel schneiden.
6 Staudensellerie putzen, waschen und in 1,5 cm dicke Scheiben schneiden.
7 Fischfilet waschen, mit Küchenpapier trockentupfen und in etwa 1 cm große Würfel schneiden.

Zubereitung

1 Öl in einem großen Topf erhitzen.
2 Zwiebel-, Aprikosen- und Gemüsewürfel leicht darin andünsten – nicht bräunen.
3 Fischfond, Tomaten, Tabasco und Gewürze hinzugeben.
4 So viel Wasser hinzufügen, dass die Zutaten gut bedeckt sind.
5 Aufkochen lassen und dann zugedeckt bei schwacher Hitze 25 bis 35 Minuten garen.
6 Fischfilet und Petersilie in die Suppe rühren und noch 5 Minuten ziehen lassen.
7 Mit Salz und Pfeffer abschmecken.

Garnelen-Suppe

Zutaten für 4 Portionen:
1,2 l Hühnerbrühe (frisch gekocht oder aus dem Glas)
1 TL Tamarindenpaste (aus dem Asialaden)
1 getrocknete rote Chilischote
2 Stück Zitronengras (Asialaden)
4 Scheiben frische Limone
150 g Broccoli
100 g Chinakohl
6 Frühlingszwiebeln
2 TL Sojasauce
8 frische große Garnelen
frischer Koriander (nach Geschmack)

Nähwertangaben pro Portion: Energie 150 kcal, Fett 2,79 g, Kohlenhydrate 7,25 g, Protein 23,5 g, Wasser 157 g, Cholesterin 152 mg, Alkohol 0 g, gesättigte Fettsäuren 450 mg, Omega-3-Fettsäuren 583 mg, Omega-6-Fettsäuren 394 mg, Broteinheiten 0,610 BE

Geeignet für Satiation

Der Arousal-Typ kann den Broccoli durch Okra-Bohnen ersetzen.

Vorbereitung

1 Hühnerbrühe zubereiten.
2 Limonen waschen und in Scheiben schneiden.

3 Chinakohl putzen und in dünne Streifen schneiden.
4 Garnelen in kochendem Wasser 4 bis 5 Minuten kochen, herausnehmen, abkühlen lassen und schälen.
5 Unter fließendem Wasser abspülen.
6 Broccoli putzen und in kleine Röschen zerteilen.
7 Frühlingszwiebeln putzen und in mundgerechte Stücke schneiden.
8 Chilischote hacken.

Zubereitung
1 In einem Topf Wasser zum Kochen bringen und den Broccoli gemeinsam mit dem Chinakohl bissfest garen, etwa 10 bis 12 Minuten. Die letzten 5 Minuten die Frühlingszwiebeln hinzugeben.
2 Wasser abgießen und das Gemüse beiseite stellen.
3 Hühnerbrühe mit Tamarindenpaste, Chili, Zitronengras und Limonenscheiben zum Kochen bringen. Etwa 15 Minuten kochen.
4 Das gekochte Gemüse in die Hühnersuppe geben. Mit Sojasauce abschmecken.
5 Eventuell frischen Koriander zur Suppe geben.

Kalte Shrimps-Suppe

Zutaten für 4 Portionen (als Vorspeise):
750 g Shrimps, geschält und ohne Darm
1 kg Tomaten
125 ml Gemüsebrühe
125 ml Tomatensaft
1/2 Zitrone
1 Knoblauchzehe
2 Stängel Koriander
1 Bund Petersilie
Pfeffer, Salz

Nährstoffangaben pro Portion: Energie 236 kcal, Fett 3,74 g, Kohlenhydrate 10,3 g, Protein 38,5 g, Wasser 453 g, Cholesterin 272 mg, Alkohol 0 g, gesättigte Fettsäuren 583 mg, Omega-3-Fettsäuren 827 mg, Omega-6-Fettsäuren 379 mg, Broteinheiten 0,856 BE

Geeignet für Arousal und Satiation

Vorbereitung

1 Wasser in einem Topf zum Kochen bringen und die Shrimps 3 Minuten kochen, bis sie rot und durchgegart sind.
2 Die Shrimps unter kaltem Wasser abspülen und beiseite stellen.
3 Eine Tomate überbrühen, häuten und in kleine Würfel schneiden.
4 Gemüsebrühe zubereiten.
5 Die halbe Zitrone auspressen.
6 Knoblauchzehe schälen und klein hacken.
7 Koriander putzen und klein hacken.
8 Petersilie putzen und klein hacken.

Zubereitung

1. Gemüsebrühe, Tomatensaft, restliche Tomaten, Zitronensaft, Knoblauch und Salz in einen Mixer geben und 1 bis 2 Minuten durchmixen.
2. Das Ganze in eine Schüssel geben.
3. Shrimps, Koriander und Petersilie sowie die klein geschnittene Tomate hinzugeben.
4. Vor dem Servieren mindestens 1 Stunde in den Kühlschrank stellen.

Dazu passt ein gutes Roggenbrot.

Bärlauchsuppe

Zutaten für 4 Portionen:
500 g Bärlauch (alternativ: Spinat)
4 Kartoffeln
1 EL Olivenöl
1 l Gemüsebrühe
Salz, Pfeffer und Muskat

Nährwertangaben pro Portion: Energie 94,1 kcal, Fett 3,77 g, Kohlenhydrate 8,84 g, Protein 5,21 g, Wasser 402 g, Cholesterin 30,0 µg, Alkohol 0 g, gesättigte Fettsäuren 568 mg, Omega-3-Fettsäuren 217 mg, Omega-6-Fettsäuren 320 mg, Broteinheiten 0,753 BE

Nur für Satiation geeignet

Vorbereitung

1 Rohe Kartoffeln schälen und in dünne Scheiben schneiden.
2 Bärlauch waschen, putzen und in Streifen schneiden.
3 Gemüsebrühe zubereiten.

Zubereitung

1 Das Öl in einem Topf heiß werden lassen.
2 Kartoffeln und Bärlauch darin andünsten.
3 Gemüsebrühe angießen.
4 Alles etwa 20 Minuten köcheln lassen.
5 Suppe mit einem Stabmixer pürieren.
6 Mit Salz, Pfeffer und Muskat abschmecken.

Statt Bärlauch oder Spinat kann auch Brennnessel oder Brunnenkresse verwendet werden.

Fisch und Meeresfrüchte

Ich mag keinen Fisch ... Schade. Denn Fisch und Meeresfrüchte sind die idealen Hilfsmittel für alle, die aus der Zuckersucht aussteigen wollen. Warum? Sie enthalten das richtige Fett.

Wird ein Fett verzehrt, muss es im Körper verarbeitet werden. Es durchläuft eine Reihe äußerst komplexer chemischer Prozesse. Und am Ende müssen die Zellen die Fettsäuren für den Aufbau der Zellmembran verwenden können. Ob die Kommunikation einer Zelle mit ihrer Umgebung besser oder schlechter funktioniert, ist auch abhängig davon, wie flexibel oder wie starr die Zellmembran ist. Zellmembranen, die reich an Omega-3-Fettsäuren sind, verhalten sich sehr flexibel, und die Rezeptoren dieser Zellen reagieren sensibel. Wenn es in der Nahrung nicht genügend Omega-3-Fettsäuren gibt, werden die Zellmembranen starr und unflexibel. Die Konsequenz: Zwischen Zelle und Umfeld gerät die Kommunikation ins Stocken. Und: Es wird viel weniger Serotonin im Gehirn aufgebaut. Das führt zu Verstimmungen, unter Umständen zu Depressionen, Heißhunger und Sucht.

Falsche Fette und schlechte Kohlenhydrate unterscheiden sich von ihrem gesunden Gegenpart dadurch, dass sie Lust auf mehr machen und das Appetitsystem langfristig außer Kraft setzen. Gesunde Fette und gesunde Kohlenhydrate hingegen steigern den Serotoninspiegel oder stabilisieren ihn zumindest, aber sie senken ihn nicht. Daher tragen sie nicht zur Sucht bei.

Die Ernährung der westlichen Welt ist nicht deshalb so schlecht, weil sie zu viel Fett, sondern vor allem, weil sie jene Fette enthält, die Heißhunger auslösen. Von den Fetten, welche die Hunger- und Sattregulation positiv beeinflussen wie die Omega-3-Fettsäuren, sind in der Regel viel zu wenige vertreten.

Fisch enthält jedoch sehr viele dieser gesunden Omega-3-Fettsäuren und ist deshalb sehr empfehlenswert.

Hier einige köstliche – und ausgewogene – Rezepte.

Garnelen mit Glasnudeln

Zutaten für 4 Portionen:
200 g Glasnudeln
3 Frühlingszwiebeln
2 Knoblauchzehen
2 EL Sojaöl (alternativ: Kokosfett)
250 g Garnelen (geschält)
2 EL Sojasauce

Nährwertangaben pro Portion: Energie 301 kcal, Fett 7,81 g, Kohlenhydrate 37,3 g, Protein 19,9 g, Wasser 67,5 g, Cholesterin 142 mg, Alkohol 0 g, gesättigte Fettsäuren 1,14 g, Omega-3-Fettsäuren 722 mg, Omega-6-Fettsäuren 3,31 g, Broteinheiten 3,11 BE

Geeignet für Satiation und Arousal

Vorbereitung

1 Glasnudeln 10 Minuten in Wasser einweichen lassen.
2 Frühlingszwiebeln in etwa 2 cm lange Stücke schneiden.
3 Knoblauch schälen und pressen oder ganz fein hacken.
4 Glasnudeln in frischem Wasser aufkochen. (Nach Packungsanweisung garen).

Zubereitung

1 Öl im Wok erhitzen.
2 Frühlingszwiebeln und Knoblauch im Wok glasig braten.
3 Garnelen dazugeben.
4 Glasnudeln und Frühlingszwiebeln hinzufügen.
5 Alles mit Sojasauce, Salz und Pfeffer abschmecken.

Chinakohl mit Garnelen

Zutaten für 4 Portionen:
30 g Cashewkerne
500 g Chinakohl
Curry
200 ml Gemüsebrühe
200 g Naturreis
1/2 Bund Lauchzwiebeln
1 EL Öl
1 rote Paprikaschote
Salz
2 EL Sojasauce
200 g Garnelen (geschält)
Pfeffer

Nährwertangaben pro Portion: Energie 336 kcal, Fett 9,17 g, Kohlenhydrate 44,0 g, Protein 18,3 g, Wasser 207 g, Cholesterin 76,0 mg, Alkohol 0 g, gesättigte Fettsäuren 1,79 g, Omega-3-Fettsäuren 460 mg, Omega-6-Fettsäuren 1,21 g, Broteinheiten 3,67 BE

Geeignet für Satiation und Arousal

Vorbereitung

1 Salzwasser aufkochen und Reis darin 20 Minuten garen.

Währenddessen

2 Paprika putzen, waschen und in feine Ringe schneiden.
3 Chinakohl putzen, waschen und in grobe Streifen schneiden.
4 Lauchzwiebeln putzen, waschen und in lange Stücke schneiden.
5 Cashewkerne in einer großen Pfanne mit etwas Öl goldbraun rösten. Herausnehmen.
6 Gemüsebrühe zubereiten.

Zubereitung
Während der Reis kocht

1 Öl in einer großen Pfanne erhitzen.
2 Lauchzwiebeln und Chinakohlstreifen in der Pfanne anbraten.
3 Paprikastücke hinzugeben und kurz mit anbraten.
4 Gemüse mit der Brühe ablöschen und aufkochen lassen.
5 Sojasauce und noch etwas Gemüsebrühe beimengen.
6 Alles bei mittlerer Hitze 5 Minuten köcheln lassen.
7 Mit Salz, Pfeffer und Curry abschmecken.
8 Garnelen und Cashewkerne zum Gemüse geben und etwa 1 Minute erhitzen.
9 Mit dem Reis servieren.

Dinkelspaghetti mit Sesam-Garnelen

Zutaten für 4 Portionen:
200 g Dinkelspaghetti
(600 g im gekochten Zustand)
40 g Olivenöl
Meersalz, Pfeffer, Koriander
1 Zehe Knoblauch, fein geschnitten
6 EL Kräuter, fein geschnitten (Rosmarin, Thymian, Bohnenkraut, Lavendel, Basilikum)
150 g Ajvar (Paprikamark)
250 g Tomatensaft
60 g schwarze Oliven, halbiert
60 g Schlagsahne
1/2 TL Kräutersalz
400 g Garnelen (geschält)
50 g Sesam
3 EL Olivenöl
frischer Koriander zum Garnieren

Nährwertangaben pro Portion: Energie 606 kcal, Fett 36,9 g, Kohlenhydrate 36,9 g, Protein 31,3 g, Wasser 198 g, Cholesterin 166 mg, Alkohol 0 g, gesättigte Fettsäuren 7,45 g, Omega-3-Fettsäuren 853 mg, Omega-6-Fettsäuren 5,49 g, Broteinheiten 3,08 BE

Geeignet für Satiation

Vorbereitung

1 Nudeln kochen, abgießen, beiseite stellen (oder schon am Vorabend kochen).
2 Garnelen in Sesam wenden.
3 Paprikamark mit Tomatensaft verrühren.

Zubereitung

1 Spaghetti in einer Pfanne mit Olivenöl und 4 Esslöffel Wasser andünsten.
2 Mit Salz, Pfeffer, Knoblauch und den Kräutern abschmecken.
3 In einem weiteren Topf Tomaten-Paprika-Sauce aufkochen.
4 Oliven und Sahne zugeben, mit Kräutersalz abschmecken.
5 In einer anderen Pfanne Olivenöl erhitzen.
6 Mit Sesam bestreute Garnelen darin braten.
7 Spaghetti mit den Garnelen anrichten.
8 Mit der Tomaten-Paprika-Sauce übergießen und mit Koriander garnieren.

Felchenfilet mit grüner Sauce

Zutaten für 4 Portionen:
400 g Felchenfilets
(alternativ: Forellenfilets)
etwas Olivenöl
Für die Sauce
150 g Magerquark
50 ml Milch
Salz
Pfeffer
100 g Blattspinat
1 Bund Schnittlauch
1/2 Bund Kerbel
1/2 Bund Pimpinelle
1 Schalotte

Nährwertangaben pro Portion: Energie 248 kcal, Fett 14,7 g, Kohlenhydrate 7,40 g, Protein 20,9 g, Wasser 145 g, Cholesterin 105 mg, Alkohol 0 g, gesättigte Fettsäuren 6,60 g, Omega-3-Fettsäuren 649 mg, Omega-6-Fettsäuren 803 mg, Broteinheiten 0,616 BE

Geeignet für Satiation

Vorbereitung

1 Schalotte in grobe Stücke schneiden.
2 Blattspinat waschen, putzen und in Streifen schneiden.
3 Schnittlauch fein hacken.

Zubereitung

1 Quark und Milch vermischen, mit Salz und Pfeffer würzen. Etwas Milch aufheben.
2 Kräuter, Spinat und Schalotte mit etwas Milch im Mixer fein hacken.

3 Unter den Quark mischen.
4 Felchenfilets in Olivenöl dünsten.
5 Wenn der Fisch weich ist, mit Salz und Pfeffer würzen.

Der Felchen ist ein Süßwasserfisch, der vor allem in Süddeutschland gefangen und frisch verkauft wird. Er ist sehr schmackhaft, jedoch manchmal ebenso schwer zu bekommen und auch recht teuer.

Alternativ können Sie frische Forellen, Saiblinge oder andere Süßwasserfische verwenden.

Lachsschnitte mit Spaghetti-Spinat-Puffer

Zutaten für 4 Portionen:
50 g Zwiebeln
40 g schwarze Oliven
40 g getrocknete, eingelegte Tomaten
1 Knoblauchzehe
50 g Crème fraîche
200 ml Fischfond
1/2 TL Meersalz
Pfeffer, Koriander (gemahlen)
400 g Lachs
400 g gekochte Vollkorn-Spaghetti
2 Eier
200 g Blattspinat
2 EL Olivenöl zum Braten

Nährwertangaben pro Portion: Energie 662 kcal, Fett 28,2 g, Kohlenhydrate 63,2 g, Protein 37,8 g, Wasser 234 g, Cholesterin 239 mg, Alkohol 0 g, gesättigte Fettsäuren 7,53 g, Omega-3-Fettsäuren 1,75 g, Omega-6-Fettsäuren 2,62 g, Broteinheiten 5,27 BE

Geeignet für Satiation

Vorbereitung

1 Spaghetti kochen und 400 g abwiegen.
2 Spaghetti kalt werden lassen.
3 Zwiebel würfeln.
4 Oliven halbieren.
5 Eingelegte Tomaten würfeln.
6 Knoblauchzehe schälen und hacken.
7 Spinat in feine Streifen schneiden.

Zubereitung

1. Spinat in einer Pfanne in etwas Wasser vorsichtig weich dünsten.
2. Spaghetti mit dem Spinat, den Eiern, Salz, Pfeffer und dem Koriander vermengen.
3. Zu Puffern formen und in einer Pfanne langsam goldgelb ausbacken.

Währenddessen

4. Zwiebelwürfel, Oliven, Tomatenwürfel und Crème fraîche mit dem Fischfond in einer Pfanne verrühren und abschmecken.
5. Lachsstücke in die Sauce geben.
6. Pfanne mit einem Deckel verschließen und wenige Minuten dünsten.

Rotbarschfilet auf Kartoffelsalat

Zutaten für 4 Portionen:
4 Rotbarschfilets (je ca. 150 g)
Kartoffelsalat
100 ml Gemüsebrühe
8 mittelgroße, festkochende Kartoffeln
2 Schalotten
2 rote Paprika
4 Stangen Frühlingszwiebeln
2 EL Olivenöl
1 EL weißer Balsamicoessig
1/2 TL Limonen- oder Zitronensaft
Salz, frisch gemahlener Pfeffer

Nährwertangaben pro Portion: Energie 380 kcal, Fett 10,5 g, Kohlenhydrate 38,0 g, Protein 31,5 g, Wasser 398 g, Kalium 1,55 g, Calcium 94,8 mg, Magnesium 92,0 mg, Cholesterin 75,1 mg, Alkohol 0 g, gesättigte Fettsäuren 1,88 g, Omega-3-Fettsäuren 1,33 g, Omega-6-Fettsäuren 1,01 g, Broteinheiten 3,16 BE

Geeignet für Satiation

Vorbereitung

1 Kartoffeln waschen und ungeschält in Salzwasser kochen.
2 Kartoffeln abkühlen lassen (lauwarm), schälen und in Scheiben schneiden.
3 Gemüsebrühe zubereiten.
4 Frühlingszwiebeln putzen und fein schneiden.

5 Schalotten schälen, halbieren und in feine Scheiben schneiden.
6 Paprika putzen, Kerne entfernen und in feine Streifen schneiden.

Zubereitung

1 Heiße Gemüsebrühe über die Kartoffeln geben und 10 Minuten ziehen lassen.
2 Paprika, Frühlingszwiebeln und Schalotten unter die Kartoffeln mengen.
3 Essig, Öl und Limonensaft hinzufügen.
4 Mit Salz und Pfeffer aus der Mühle abschmecken.
5 Fisch waschen, mit Küchenpapier trocken tupfen, mit Salz und Pfeffer würzen und in einer Pfanne mit Olivenöl braten.

Scampi auf Rucola mit Walnussöl

Zutaten für 4 Portionen:
20 frische Scampi
2 Frühlingszwiebeln
200 g Rucola
2 Knoblauchzehen
4 EL Olivenöl
1/2 Zitrone
4 EL Balsamico
2 EL Walnussöl
Majoran
frische Kresse
Salz, Pfeffer

Nährwertangaben pro Portion: Energie 403 kcal, Fett 22,0 g, Kohlenhydrate 5,97 g, Protein 44,5 g, Wasser 403 g, Cholesterin 304 mg, Alkohol 0 g, gesättigte Fettsäuren 3,08 g, Omega-3-Fettsäuren 1,84 g, Omega-6-Fettsäuren 4,70 g, Broteinheiten 0,512 BE

Geeignet für Arousal und Satiation

Vorbereitung

1 Scampi schälen, Darm entfernen und mit Salz und Pfeffer würzen.
2 Frühlingszwiebeln säubern und in Scheiben schneiden.
3 Rucola waschen.
4 Knoblauch schälen und fein schneiden.
5 Die halbe Zitrone auspressen.
6 Frühlingszwiebeln putzen und in feine Ringe schneiden.

Zubereitung

1 Scampi in der Pfanne mit Öl und Knoblauch anbraten, mit Salz, Zitronensaft und Pfeffer würzen.
2 Rucola mit Frühlingszwiebeln, Essig und Öl vermengen und mit Salz und Pfeffer abschmecken.
3 Zum Schluss die Scampi darauf verteilen.

Dieser Salat ist eine ideale Ergänzung zu Käseplatten, schmeckt aber auch allein zum Abendessen. Wenn man bereits geschälte Scampi kauft, dauert die Zubereitung nur wenige Minuten! Dazu passt ein kräftiges Roggenbrot.

Zander auf Weizen-Risotto provençal

Zutaten für 4 Portionen:
4 Zanderfilets mit Haut (je 150 g)
3 EL Olivenöl zum Braten
30 g Mehl zum Mehlieren
120 g Zartweizen
2 Schalotten
1/8 l Tomatensaft
1/4 l Fischfond
4 Tomaten
Salz und Pfeffer
8 Knoblauchzehen
4 kleine Fenchelknollen
4 getrocknete Tomaten (in Öl eingelegt)
1 Glas trockener Weißwein

Nährwertangaben pro Portion: Energie 352 kcal, Fett 5,57 g, Kohlenhydrate 33,0 g, Protein 38,7 g, Wasser 428 g, Cholesterin 105 mg, Alkohol 1,25 g, gesättigte Fettsäuren 946 mg, Omega-3-Fettsäuren 359 mg, Omega-6-Fettsäuren 923 mg, Broteinheiten 2,76 BE

Geeignet für Satiation und Arousal

Vorbereitung

1 Schalotten schälen und fein schneiden.
2 Tomaten mit kochendem Wasser überbrühen, Haut abziehen und würfeln.
3 Getrocknete Tomaten klein schneiden.
4 Fenchel putzen und in kleine Stücke schneiden.
5 Knoblauch schälen und fein hacken.

Zubereitung

1 Die Schalotten in Olivenöl glasig braten, den Zartweizen dazugeben und das Ganze mit Weißwein ablöschen. Den Fischfond und den Tomatensaft dazugeben.

2 Die Tomatenstücke hinzufügen und unter ständigem Rühren etwa 10 bis 15 Minuten weich dünsten, mit Salz und Pfeffer abschmecken.

3 Die Zanderfilets salzen und die Hautseite mehlieren, bei mittlerer Temperatur auf der Hautseite goldbraun braten, so lange, bis die Filets durchgängig glasig sind.

4 Gemüse kurz in kochendes Wasser geben.

5 Das blanchierte Gemüse in Olivenöl schwenken, die Knoblauchzehen dazugeben und den Fisch damit garnieren.

Zander mit Topinamburkruste und Tomaten-Sauerkraut

Zutaten für 4 Portionen:
4 Zanderfilets ohne Haut (je 150 g)
3 Schalotten
30 g Butter
40 g Tomatenmark
200 g Sauerkraut
2 Nelken
1 Lorbeerblatt
1 Wacholderbeere
3 Topinambur-Knollen (Gemüsehändler, gut sortierte)
1 Kartoffel
1 Ei
1/2 TL Kartoffelstärke
Salz, Pfeffer

Nährwertangaben pro Portion: Energie 281 kcal, Fett 8,58 g, Kohlenhydrate 9,38 g, Protein 40,1 g, Wasser 312 g, Cholesterin 199 mg, Alkohol 0 g, gesättigte Fettsäuren 4,08 g, Omega-3-Fettsäuren 410 mg, Omega-6-Fettsäuren 617 mg, Broteinheiten 0,777 BE

Geeignet für Satiation

Vorbereitung

1 Schalotten schälen und in Würfel schneiden.
2 Topinambur-Knollen schälen und reiben.
3 Rohe Kartoffel schälen und reiben.

Zubereitung

1 Schalotten mit der Butter im Topf andünsten.
2 Tomatenmark, Sauerkraut, Nelken, Lorbeerblatt und Wacholderbeere zugeben und bei geschlossenem Topf etwa15 Minuten garen lassen.
3 Topinambur und Kartoffel mit Ei und Kartoffelstärke vermengen.
4 Mit Salz und Pfeffer abschmecken
5 Den Fisch mit Salz und Pfeffer würzen und die Teigmasse dünn darauf verteilen.
6 Öl in einer Pfanne heiß werden lassen.
7 Den Fisch hierin mit der Teigseite nach unten goldgelb braten, am Schluss einmal wenden.

Gemüsepfanne mit Hähnchen und Garnelen

Nährwertangaben pro Portion: Energie 301 kcal, Fett 7,81 g, Kohlenhydrate 37,3 g, Protein 19,9 g, Wasser 67,5 g, Cholesterin 142 mg, Alkohol 0 g, gesättigte Fettsäuren 1,14 g, Omega-3-Fettsäuren 722 mg, Omega-6-Fettsäuren 3,31 g, Broteinheiten 3,11 BE

Zutaten für 4 Portionen:
20 Garnelen, gekocht, gesäubert und geschält (eventuell tiefgefrorene)
8 Hähnchenunterkeulen, halbiert
1 rote Paprika
2 Tomaten
200 g grüne Bohnen
1 rote Zwiebel
2 Knoblauchzehen
1 Frühlingszwiebel
1 Fenchelknolle
2 EL Tomatenpüree (Flasche oder Dose)
500 ml Gemüsebrühe
4 EL Olivenöl
Bohnenkraut
1 Zitrone
4 El Rapsöl
Salz, Pfeffer
Dill zum Garnieren

Geeignet für Satiation und Arousal

Vorbereitung

1 Bohnen waschen und putzen.
2 Knoblauch schälen und in dünne Streifen schneiden.
3 Tomaten entkernen und in grobe Würfel schneiden.
4 Paprika entkernen und in grobe Streifen schneiden.
5 Fenchel putzen und in grobe Streifen schneiden.
6 Zwiebel schälen und in Ecken schneiden.
7 Zitrone gründlich waschen, halbieren, in Scheiben schneiden.
8 Frühlingszwiebeln säubern, grob schneiden.
9 500 ml Gemüsebrühe zubereiten.
10 Backofen auf 175 °C vorheizen.

Zubereitung

1 Bohnen in Wasser mit etwas Bohnenkraut blanchieren, abtropfen lassen. (Blanchieren: Gemüse wird ganz kurz in sprudelnd kochendes Salzwasser gegeben. Anschließend kalt abschrecken.)
2 Nach dem Blanchieren das Bohnenkraut entfernen.
3 In einer Pfanne 2 Esslöffel Rapsöl erhitzen.
4 Hähnchenkeulen beidseitig goldbraun anbraten.
5 Mit Salz und Pfeffer würzen.
6 Wenn die Hähnchenkeulen fertig sind, Garnelen sehr kurz (1 bis 2 Minuten) mit anbraten.
7 Beiseite stellen.
8 Öl in einer weiteren Pfanne erhitzen.
9 Knoblauch und Zwiebel glasig anbraten.
10 Paprika, Frühlingszwiebel, Fenchel, Bohnen und Tomatenwürfel hinzufügen.

11 Mit Salz und Pfeffer würzen.
12 Tomatenpüree hineingeben und mit Gemüsebrühe ablöschen, kurz durchschwenken.
13 Hähnchenkeule und Garnelen auf das Gemüse legen und die Pfanne in den Backofen stellen.
14 Etwa 15 bis 18 Minuten im Backofen garen.

Huhn und Pute

Hühner- und Putenfleisch liefern – im Vergleich zu Rind- oder Schweinefleisch – weniger gesättigte Fette und gehören damit zu den Fleischsorten, die man – neben Fisch – regelmäßig essen kann. Die folgenden Rezepte sind daher nicht nur lecker, sondern auch gesund.

Gebratene Maispoularde auf frischem Trauben-Kraut

Zutaten für 4 Portionen:
4 Hähnchenbrüste von einer Maispoularde (je ca. 160 g)
4 Stängel Majoran (oder 2 TL Majoran getrocknet)
Weißkohl (ca. 600 g)
40 kernlose Weintrauben
1/2 Apfel (mittelgroß)
3 EL Olivenöl
Salz, Pfeffer
Balsamicoessig

Nährwertangaben pro Portion: Energie 320 kcal, Fett 11,1 g, Kohlenhydrate 13,3 g, Protein 41,0 g, Wasser 299 g, Cholesterin 96,1 mg, Alkohol 0 g, gesättigte Fettsäuren 1,97 g, Omega-3-Fettsäuren 338 mg, Omega-6-Fettsäuren 1,29 g, Broteinheiten 1,11 BE

Geeignet für Satiation

Für Arousal-Menschen sind Weintrauben nicht so günstig. Wer sich aber im Hinblick auf Heißhungerattacken stabil fühlt, kann dieses Rezept durchaus probieren.

Vorbereitung

1. Aus dem Weißkohlkopf den Strunk entfernen.
2. Weißkohl in feine Streifen schneiden.
3. Den halben Apfel schälen und in kleine Würfel schneiden.
4. Weintrauben waschen und halbieren.
5. Majoran waschen, putzen, hacken oder getrockneten Majoran verwenden.

Zubereitung

1 Öl in einer Pfanne heiß werden lassen.
2 Hähnchenbrüste waschen, mit Küchenpapier abtrocknen.
3 Mit Salz und Pfeffer würzen.
4 Hähnchenbrüste von beiden Seiten scharf anbraten.
5 Öl in einer weiteren Pfanne (oder einem Wok) erhitzen.
6 Weißkohl mit Salz und Pfeffer leicht anbraten.
7 Apfelstückchen und Weintrauben hinzufügen.
8 Vom Herd nehmen, mit Balsamico abschmecken.

Dazu passt Basmatireis.

Hähnchenbrust auf Fenchelgemüse

Zutaten für 4 Portionen:
Hähnchenbrust
4 Hähnchenbrustfilets mit Haut (je ca. 150 g)
2 Knoblauchzehen
1 EL gewürfelte Schalotten
125 ml Geflügelbrühe
50 ml Sojasauce
125 ml Tomatensaft
3 EL Honig
1 rote Chilischote
1 Thymianzweig (alternativ: 1 TL getrockneter Thymian)
60 ml Olivenöl
Salz, Pfeffer, Chilipulver
Fenchelgemüse
3 EL Olivenöl
150 g Champignons
400 g Fenchel
50 ml Geflügelbrühe

Nährwertangaben pro Portion: Energie 479 kcal, Fett 29,0 g, Kohlenhydrate 11,4 g, Protein 43,2 g, Wasser 317 g, Cholesterin 111 mg, Alkohol 0 g, gesättigte Fettsäuren 4,97 g, Omega-3-Fettsäuren 392 mg, Omega-6-Fettsäuren 3,25 g, Broteinheiten 0,940 BE

Geeignet für Satiation und Arousal

Der Honig dient hier nur als Gewürz, in dieser geringen Menge kann man ihn ruhig ab und zu verwenden.

Vorbereitung

1 Champignons putzen und vierteln.
2 Fenchel putzen und in Streifen schneiden.
3 200 ml Geflügelbrühe zubereiten.
4 Knoblauch schälen und klein hacken.
5 Schalotten putzen und würfeln.
6 Chilischote putzen, entkernen und würfeln.
7 Hähnchenbrust mit Salz, Pfeffer und Chilipulver würzen.
8 Auflaufform fetten.
9 Backofen auf 180 °C vorheizen.

Zubereitung

1 Öl in einer Pfanne heiß werden lassen.
2 Hähnchenbrust in der Pfanne von beiden Seiten anbraten.
3 Aus der Pfanne nehmen.
4 In derselben Pfanne Knoblauch und Schalotten anbraten.
5 Mit 125 ml Geflügelbrühe ablöschen, etwas einkochen lassen.
6 Sojasauce, Tomatensaft, Honig, Chili und Thymian dazugeben.
7 Das Ganze zu einer Sauce einkochen lassen.
8 Hähnchenbrust in die Auflaufform legen, Sauce darüber gießen und für 15 Minuten in den vorgeheizten Backofen stellen.
9 Etwas Öl in einer weiteren Pfanne heiß werden lassen.
10 Champignons und Fenchelstreifen darin leicht braun anbraten und mit Salz und Pfeffer würzen.
11 Etwa 50 ml Geflügelbrühe dazugeben und so lange köcheln, bis der Fenchel gar ist.

Hühnerbrust mit Kokosmilch und Ingwer

Zutaten für 4 Portionen:
400 g Hühnerbrust
250 g Joghurt (3,5 % Fett)
200 g Kokosmilch (ungesüßt)
1 – 2 Limonen (oder 1 Zitrone)
2 TL Ingwer (grob gerieben)
1 – 2 EL zerstoßene Pfefferkörner
1 Zwiebel
2 – 3 Tomaten
Chilipulver
Salz
Olivenöl zum Braten

Nährwertangaben pro Portion: Energie 179 kcal, Fett 3,40 g, Kohlenhydrate 8,82 g, Protein 26,4 g, Wasser 228 g, Cholesterin 74,7 mg, Alkohol 0 g, gesättigte Fettsäuren 1,90 g, Omega-3-Fettsäuren 44,0 mg, Omega-6-Fettsäuren 330 mg, Broteinheiten 0,734 BE

Geeignet für Arousal und Satiation

Auch hier gilt: Die Limonen werden nur in geringer Menge, also nur als Gewürz verwendet und schaden dem Arousal-Menschen daher nicht.

Vorbereitung

1 Ingwer reiben.
2 Zwiebel schälen und klein schneiden.
3 Hühnerbrust in Streifen schneiden.

4 Limonen (oder Zitrone) auspressen.
5 Tomaten würfeln.
6 Marinade aus Joghurt, Kokosmilch, Limonensaft, Ingwer und Pfeffer bereiten.
7 Hühnerbrust 20 Minuten in die Marinade einlegen.

Zubereitung

1 Öl in einer Pfanne heiß werden lassen.
2 Zwiebelstücke glasig anschwitzen.
3 Tomatenstücke dazugeben, alles kurz andünsten.
4 Hühnerfleisch samt Marinade hinzufügen.
5 Köcheln lassen, bis das Fleisch gar ist.
6 Mit Chilipulver und Salz abschmecken.

Dazu passt Vollkornreis oder Basmatireis.

Putenbruststreifen auf Gemüse

Zutaten für 4 Portionen:
Putenbrust
400 g Putenbrust
3 EL Sojasauce
1 EL Speisestärke
Gemüse
1 rote und 1 grüne Paprika
100 g Austernpilze
50 g Chinakohlblätter
40 ml Sesamöl
50 g Schalotten
1 EL gehackter frischer Ingwer
1 EL gehackter Knoblauch
50 g Sojasprossen
20 ml Sojasauce
Salz, Currypulver, Pfeffer
2 EL frischer Koriander

Nährwertangaben pro Portion: Energie 289 kcal, Fett 13,3 g, Kohlenhydrate 12,6 g, Protein 29,3 g, Wasser 213 g, Cholesterin 60,1 mg, Alkohol 0 g, gesättigte Fettsäuren 1,89 g, Omega-3-Fettsäuren 384 mg, Omega-6-Fettsäuren 5,11 g, Broteinheiten 1,04 BE

Geeignet für Arousal und Satiation

Vorbereitung

1 Paprika putzen und in Streifen schneiden.
2 Schalotten putzen und in kleine Stücke schneiden.
3 Chinakohl und Austernpilze putzen und in Streifen schneiden.
4 Knoblauch schälen und hacken.

5 Putenbrust 20 Minuten in der Sojasauce marinieren.
6 Anschließend die Putenbrust herausnehmen und die Speisestärke mit der Sojasauce vermischen.

Zubereitung

1 Etwas Sesamöl in einer Pfanne erhitzen.
2 Fleisch darin anbraten und wieder herausnehmen.
3 Restliches Sesamöl in die Pfanne geben.
4 Schalotten, Ingwer, Knoblauch, Austernpilze und Paprika braten.
5 Chinakohl und Sojasprossen dazugeben und mit Salz und Pfeffer würzen.
6 Fleisch und Sojasauce wieder dazugeben, mit dem Gemüse mischen und zum Schluss Curry und Koriander darunter mischen.

Putengeschnetzeltes mit Apfel und Aprikosen

Zutaten für 4 Portionen:
700 g Putenbrust
1 Zwiebel
2 Knoblauchzehen
ca. 40 g frischer Ingwer
5 EL Öl
1/2 TL Kardamom (gemahlen oder zerstoßen)
1/2 TL Piment (gemahlen)
1 Zimtstange
400 ml Kokosmilch
(1 Dose, ungesüßt)
Salz, schwarzer Pfeffer
2 rote Chilischoten
10 Aprikosen
2 mittelgroße säuerliche Äpfel
2 EL Kokosraspel
100 g Mandelsplitter
Olivenöl zum Braten

Nährwertangaben pro Portion: Energie 605 kcal, Fett 33,6 g, Kohlenhydrate 25,5 g, Protein 49,3 g, Wasser 389 g, Cholesterin 105 mg, Alkohol 0 g, gesättigte Fettsäuren 7,61 g, Omega-3-Fettsäuren 306 mg, Omega-6-Fettsäuren 11,7 g, Broteinheiten 2,13 BE

Geeignet für Satiation und Arousal

Vorbereitung

1 Das Fleisch in 4 bis 5 cm lange Streifen zerteilen.
2 Zwiebeln, Knoblauch und Ingwer schälen.

3 Zwiebeln klein würfeln.
4 Knoblauch und Ingwer sehr fein hacken.
5 Chilischoten putzen, längs einritzen, Kerne herausschaben und in Streifen schneiden.
6 Aprikosen entsteinen und würfeln.
7 Äpfel schälen, in dünne Schnitze teilen.

Zubereitung

1 In einem breiten Topf Fleisch portionsweise in jeweils 2 Esslöffeln Öl anbraten.
2 Einen Esslöffel Öl in den Topf geben.
3 Zwiebeln, Knoblauch und Ingwer darin andünsten.
4 Fleisch, Kardamom, Piment und Zimtstange hinzufügen.
5 Kokosmilch zugießen, salzen und pfeffern und etwa 15 Minuten köcheln.
6 Nach 10 Minuten Garzeit Chilis, Aprikosen, Apfel und Mandeln unterheben.
7 In einer weiteren (beschichteten) Pfanne die Kokosraspeln ohne Fett bräunen.
8 Über das Gericht streuen.
9 Nachwürzen nach Geschmack.

Tofu-Rezepte

Häufig werde ich gefragt: „Kann man Vegetarier bleiben und dennoch eine Essstörung überwinden?" Ja, man kann. Lesen Sie noch einmal die Tipps für die entsprechenden Nahrungsergänzungsmittel auf Seite 38ff durch. Sie können es aber auch mit den folgenden Tofu-Rezepten probieren. Denn wer regelmäßig Quinoa, Tofu, Hülsenfrüchte und Gemüse isst, vielleicht etwas Käse, Quark oder ein anderes Milchprodukt dazu, der ernährt sich vollwertig. Auch hier gilt: Arousal-Menschen sollten etwas mehr Eiweiß und Fett, Satiation-Typen mehr stärkearmes Gemüse essen, um so das für sie optimale Gleichgewicht zu erhalten.

Artischockencurry mit Tofu

Zutaten für 4 Portionen:
8 Artischocken
2 Zitronen
2 grüne Paprikaschoten
300 g Tofu
4 rote Zwiebeln
2 TL Olivenöl
2 1/2 TL scharfes Currypulver
400 ml Gemüsebrühe
Salz, schwarzer Pfeffer

Nährwertangaben pro Portion: Energie 252 kcal, Fett 10,7 g, Kohlenhydrate 16,2 g, Protein 19,9 g, Wasser 499 g, Cholesterin 30,0 µg, Alkohol 0 g, gesättigte Fettsäuren 1,64 g, Omega-3-Fettsäuren 614 mg, Omega-6-Fettsäuren 4,14 g, Broteinheiten 1,35 BE

Geeignet für Satiation und Arousal

Vorbereitung

1 Die Stiele der Artischocken herausbrechen.
2 Die Blätter der Artischocken abschneiden und den Boden freilegen.
3 Zitronen auspressen.
4 Die Böden in den Saft einer Zitrone legen.
5 Die Paprika putzen und in etwa 1 cm große Stücke schneiden.
6 Den Tofu würfeln.
7 Zwiebeln schälen, halbieren und in dünne Streifen schneiden.
8 400 ml Gemüsebrühe zubereiten.
9 Die Artischockenböden in acht Stücke schneiden.

Zubereitung

1 Das Öl bei mittlerer Hitze im Topf erhitzen.
2 Artischockenböden, Zwiebeln und Paprikastückchen hinzufügen und etwa 3 Minuten unter Wenden glasig braten.
3 Currypulver untermischen und unter Rühren noch 1 Minute braten.
4 Mit Brühe aufgießen, salzen und pfeffern.
5 Das Ganze aufkochen lassen und bei schwacher Hitze etwa 3 Minuten garen.
6 Kurz vor dem Servieren den Tofu untermischen und alles noch einmal aufkochen lassen.

Dazu schmeckt Basmatireis.

Tofu-Auflauf mit Kräutern

Zutaten für 4 Portionen:
400 g Tofu (in Scheiben)
ca. 100 ml Sojasauce
5 EL Olivenöl
1 Zwiebel
2 Knoblauchzehen
1 kg reife Tomaten (alternativ für sehr Eilige: Dosentomaten)
3 TL Kräuter der Provence (Rosmarin, Thymian, Salbei)
1 Lorbeerblatt
Salz, Pfeffer, Paprikapulver
1 kleines Bund frisches Basilikum
3 Eier
10 EL Milch
10 EL Saure Sahne
2 EL Sojamehl (alternativ: Vollkornmehl)

Nährwertangaben pro Portion: Energie 519 kcal, Fett 37,2 g, Kohlenhydrate 13,5 g, Protein 32,3 g, Wasser 442 g, Cholesterin 197 mg, Alkohol 0 g, gesättigte Fettsäuren 8,56 g, Omega-3-Fettsäuren 1,23 g, Omega-6-Fettsäuren 8,32 g, Broteinheiten 1,14 BE

Geeignet für Satiation und Arousal

Zwar ist etwas Sahne hinzugefügt, aber in diesen Mengen und nur ab und zu schadet Sahne auch dem Arousal-Menschen nicht.

Vorbereitung

1 Tofu in Scheiben schneiden und in der Sojasauce marinieren.
2 Zwiebel schälen und hacken.
3 Tomaten überbrühen, häuten und klein hacken.
4 Knoblauchzehen schälen und klein hacken.
5 Auflaufform mit etwas Olivenöl fetten.
6 Backofen auf 180 °C vorheizen.

Zubereitung

1 Öl in einem Topf erhitzen.
2 Zwiebel hinzufügen und glasig werden lassen.
3 Knoblauch und Tomaten hinzufügen.
4 Mit den Kräutern der Provence und den Gewürzen abschmecken. Das Lorbeerblatt hineingeben. Etwa 15 Minuten köcheln lassen.
5 Eier, Milch, Saure Sahne und Sojamehl gut miteinander verrühren und mit Salz, Pfeffer und Paprikapulver würzen.
6 Die Tomatenmischung in eine gefettete Auflaufform füllen, die Tofuscheiben darauf legen und mit frischem Basilikum bestreuen.
7 Die Eiermischung darüber gießen und mit einigen Basilikumblättchen garnieren.
8 Im vorgeheizten Backofen 30 Minuten backen.

Wirsing-Rouladen mit Tofu

Zutaten für 4 Portionen:
8 große Blätter Wirsingkohl
2 Paprika
1 mittelgroße Zwiebel
100 g Hirse
300 ml Gemüsebrühe
100 g Tofu
1 Eigelb
Curry, Salz
1 EL Olivenöl

Nährwertangaben pro Portion: Energie 211 kcal, Fett 8,43 g, Kohlenhydrate 22,1 g, Protein 11,3 g, Wasser 234 g, Cholesterin 59,4 mg, Alkohol 0 g, gesättigte Fettsäuren 1,57 g, Omega-3-Fettsäuren 358 mg, Omega-6-Fettsäuren 2,16 g, Broteinheiten 1,84 BE

Geeignet für Arousal und Satiation

Vorbereitung

1 Wirsing putzen, Strunk herausschneiden, die großen Blätter verwenden.
2 Paprika putzen, entkernen, in feine Streifen schneiden.
3 Hirse heiß waschen und abtropfen lassen.
4 Zwiebel schälen und in kleine Stücke schneiden.
5 Tofu würfeln.
6 Gemüsebrühe zubereiten.
7 Das Ei trennen. Nur das Eigelb verwenden.
8 Auflaufform fetten.
9 Backofen auf 180 bis 200 °C vorheizen.

Zubereitung

1 Die Wirsingblätter in kochendem Wasser blanchieren.
2 Öl erhitzen und darin die gewürfelte Zwiebel mit der Hirse andünsten.
3 Mit 250 ml Gemüsebrühe angießen und mit Salz und Pfeffer abschmecken; aufkochen lassen und dann etwa 25 Minuten bei geringer Hitze ziehen lassen.
4 Die Hirse abkühlen lassen, dann mit Tofu, Eigelb und Curry mischen.
5 Jeweils zwei Wirsingblätter übereinander legen, die Hirse-Tofu-Masse darauf verteilen und einige Paprikastreifen in die Mitte legen.
6 Schließlich die Rouladen aufrollen und in eine gefettete Form legen.
7 Etwa 20 Minuten im Backofen garen.

Dazu schmeckt Naturreis.

Linsencurry mit Tofu

Zutaten für 4 Portionen:
225 g Puy-Linsen (oder eine andere Linsensorte)
2 Kohlrabi
500 g grüne Bohnen
4 Zwiebeln
2 Knoblauchzehen
2 frische oder getrocknete Chilischoten
2 EL Kokosfett
400 g Tofu
500 ml Gemüsebrühe (Instant)
2 EL Currypulver
1 Bund frische Petersilie (oder 2 EL tiefgekühlte Petersilie)
Salz, Pfeffer

Küchenpapier

Nährwertangaben pro Portion: Energie 448 kcal, Fett 15,8 g, Kohlenhydrate 40,3 g, Protein 35,3 g, Wasser 415 g, Cholesterin 50,0 µg, Alkohol 0 g, gesättigte Fettsäuren 5,91 g, Omega-3-Fettsäuren 863 mg, Omega-6-Fettsäuren 5,39 g, Broteinheiten 3,35 BE

Geeignet für Satiation und Arousal

Vorbereitung

1 Linsen in kaltem Wasser etwa 3 Stunden (eventuell länger) einweichen.
2 Kohlrabi schälen und in bleistiftdicke Stücke schneiden.

3 Bohnen putzen, waschen und schräg in Stücke schneiden.
4 Zwiebeln schälen und in Streifen schneiden.
5 Knoblauch schälen und hacken.
6 Chilischoten entkernen und klein schneiden.
7 Petersilie hacken.
8 Brühe mit kochendem Wasser zubereiten.
9 Tofu in Streifen schneiden.
10 Küchenpapier auf einem Teller ausbreiten.

Zubereitung

1 Linsen in einem Sieb abspülen, reichlich mit frischem kaltem Wasser bedecken und – je nach Sorte – 20 bis 30 Minuten kochen. Die Linsen sollten bissfest sein. Dann Kochwasser abgießen und Linsen beiseite stellen.

Während die Linsen kochen

2 Wok erhitzen und das Fett hineingeben.
3 Tofustreifen etwa 5 Minuten darin braten, bis sie goldgelb sind.
4 Tofu herausnehmen, auf Küchenpapier abtropfen lassen.
5 Im verbliebenen Fett Zwiebeln und Knoblauch bei mittlerer Hitze anbraten.
6 Kohlrabi und Bohnen hinzufügen, kurz anbraten.
7 Brühe hinzufügen.
8 Chilischoten und Curry hinzugeben, einrühren.
9 Petersilie hinzugeben, etwas Petersilie zum Garnieren übrig lassen.

10 Zugedeckt schmoren lassen, bis die Bohnen gar sind (etwa 20 bis 30 Minuten).
11 Tofustreifen und Linsen unterrühren.
12 Mit der restlichen Petersilie garnieren.
13 Mit Salz und Pfeffer abschmecken.

Quinoa

Quinoa ist eine in den Tälern der Anden wachsende, krautige Pflanze, die neben Kartoffeln und Mais das Hauptnahrungsmittel der Inkas war. Die bis zu zwei Meter hohe Pflanze gehört zu den Knöterichgewächsen (Chenopodium quinoa Willd.). Die Inkas waren der Meinung, dieser Pflanze Kraft und Widerstandsfähigkeit zu verdanken – und die moderne Wissenschaft hat mittlerweile erkannt, dass sie darin durchaus nicht im Unrecht waren. Denn Untersuchungen, die mit Hilfe der Vereinten Nationen durchgeführt wurden, haben ergeben, dass Quinoa den bekannten Getreidearten an Eiweißstoffen, Mineralien und Vitaminen weit überlegen ist. Mit einem Proteingehalt von 13 bis 22 Prozent gehört Quinoa zu den eiweißreichsten bekannten Körnerfrüchten. Es ist jedoch nicht nur die Proteinmenge, auch die Zusammensetzung der enthaltenen Aminosäuren ist derart ausgewogen, dass sie den Empfehlungen der Weltgesundheitsorganisation (WHO) für eine ausgeglichene Proteinernährung entspricht. Das heißt, mit Quinoa ist der menschliche Organismus in der Lage, ohne andere Eiweißquellen den gesamten Bedarf an lebensnotwendigen Aminosäuren zu decken.

Für Vegetarier bedeutet dies, dass der Verzehr von Quinoa genügt, um regelmäßig mit allen lebensnotwendigen Aminosäuren versorgt zu werden. Quinoa ist glutenfrei, überaus reich an Mineralien und Spurenelementen und enthält ebenso viele Kohlenhydrate wie Eiweißbausteine. Daher gilt es als eines der vollwertigsten Nahrungsmittel, die

die Erde zu bieten hat. Da die Anden bislang von chemischen Hilfsmitteln verschont geblieben sind, ist Quinoa auch nicht im selben Maß durch Pestizide verseucht wie andere Getreidearten.

Sowohl für den Arousal- als auch für den Satiation-Typ stellt Quinoa ein ausgezeichnetes Grundnahrungsmittel dar. Arousal-Menschen können noch etwas Fett und Protein in Form von Hähnchen, Fisch, Tofu etc. hinzufügen und erhalten so eine ausgewogene Mahlzeit. Und kombiniert mit Gemüse liefert Quinoa leckere, sehr gesunde Gerichte für den Satiation-Menschen.

Die folgenden Rezepte bieten eine erste Anregung für das Kochen mit Quinoa.

Quinoa-Bratlinge

Zutaten für 4 Portionen:
250 g Quinoa
2 Knoblauchzehen
1 Ei
2 TL Olivenöl

Nährwertangaben pro Portion: Energie 252 kcal, Fett 6,08 g, Kohlenhydrate 38,3 g, Protein 10,6 g, Wasser 19,4 g, Cholesterin 59,4 mg, Alkohol 0 g, gesättigte Fettsäuren 999 mg, Omega-3-Fettsäuren 193 mg, Omega-6-Fettsäuren 1,81 g, Broteinheiten 3,77 BE

Geeignet für Satiation und Arousal

Vorbereitung

1 Knoblauchzehen schälen und klein hacken.

Zubereitung

1 Quinoa in 600 ml Salzwasser 20 bis 25 Minuten kochen, bis das Wasser vollständig verkocht ist.
2 Die Quinoa-Masse 5 bis 10 Minuten erkalten lassen.
3 Knoblauch unter die Masse geben.
4 Ei einarbeiten.
5 Öl in einer beschichteten Pfanne heiß werden lassen.
6 Quinoa-Bratlinge formen (wie Frikadellen) und im Fett 1 bis 2 Minuten goldbraun braten.

Zum Mittag- oder Abendessen kann man gut Feldsalat dazu essen; als Snack zwischendurch serviert man den Bratling mit 1 bis 2 Esslöffeln Preiselbeeren.

Quinoa-Risotto

Zutaten für 4 Portionen:
250 g Quinoa
1 kleiner Blumenkohl
1 kleiner Porree
1 Paprika
250 g Erbsen (500 g frische Erbsenschoten; Tiefkühlkost 250 g möglich)
1 TL Olivenöl
50 ml Gemüsebrühe
Salz
Pfeffer
Sojasauce (nur für Satiation, nach Geschmack)

Nährwertangaben pro Portion: Energie 304 kcal, Fett 5,06 g, Kohlenhydrate 48,5 g, Protein 15,0 g, Wasser 172 g, Cholesterin 12,5 µg, Alkohol 0 g, gesättigte Fettsäuren 672 mg, Omega-3-Fettsäuren 235 mg, Omega-6-Fettsäuren 1,77 g, Broteinheiten 4,61 BE

Geeignet für Satiation und Arousal

Hier können natürlich unterschiedliche Gemüse- oder auch leicht angebratene Obstsorten (siehe Listen auf Seite 45ff bzw. 59f) verwendet werden.

Vorbereitung

1 Porree waschen, putzen und in kleine Stücke schneiden.
2 Blumenkohl waschen, putzen und in Röschen teilen.
3 Paprika waschen, entkernen und klein schneiden.

4 Erbsenschoten waschen und Erbsen aus den Schoten lösen. (Oder Tiefkühlkost verwenden.)
5 Frische Erbsen in Salzwasser weich kochen.
6 Gemüsebrühe zubereiten.

Zubereitung

1 Quinoa in 600 ml Salzwasser 20 bis 25 Minuten kochen, bis das Wasser vollständig verkocht ist.
2 Gleichzeitig den Blumenkohl in einem anderen Topf in Salzwasser weich kochen.
3 Öl in einer beschichteten Pfanne heiß werden lassen.
4 Gemüse anbraten, mit 50 ml Gemüsebrühe ablöschen und 4 bis 5 Minuten gar ziehen lassen.
5 Quinoa hinzufügen und alles zusammen noch einmal 2 Minuten anbraten, dabei ständig rühren.
6 Mit Salz und Pfeffer abschmecken.

Satiation-Typen können mit Sojasauce nachwürzen.

Warmer Quinoa-Salat

Zutaten für 4 Personen:
250 g Quinoa
1 Zwiebel
2 Bund Petersilie
2 Stängel frische Minze
1/2 Zitrone
1 TL Olivenöl
1 TL Kümmel

Nährwertangaben pro Portion: Energie 261 kcal, Fett 4,86 g, Kohlenhydrate 42,6 g, Protein 10,6 g, Wasser 61,1 g, Cholesterin 12,5 µg, Alkohol 0 g, gesättigte Fettsäuren 558 mg, Omega-3-Fettsäuren 203 mg, Omega-6-Fettsäuren 1,77 g, Broteinheiten 4,13 BE

Geeignet für Satiation und Arousal

Vorbereitung

1 Quinoa in 600 ml Salzwasser 20 bis 25 Minuten kochen, bis das Wasser vollständig verkocht ist.
2 Zwiebel schälen und klein hacken.
3 Kräuter putzen und klein hacken.
4 Die halbe Zitrone auspressen.

Zubereitung

1 Zwiebel, Kräuter, Zitronensaft, Öl und Kümmel vorsichtig mit dem noch heißen Quinoa vermischen.
2 Sofort servieren!

Tomatensauce

Zutaten: für 3 Portionen:
1 Zitrone
2 TL Balsamicoessig
2 Knoblauchzehen
1 TL Dijon-Senf
1/2 TL Thymian
1/2 TL Majoran
2 große Tomaten
Salz

Nährwertangaben pro Portion: Energie 32,7 kcal, Fett 400 mg, Kohlenhydrate 4,70 g, Protein 963 mg, Wasser 84,9 g, Cholesterin 0 g, Alkohol 0 g, gesättigte Fettsäuren 74,3 mg, Omega-3-Fettsäuren 45,7 mg, Omega-6-Fettsäuren 134 mg, Broteinheiten 0,392 BE

Geeignet für Satiation und Arousal

Diese Tomatensauce schmeckt besonders gut zu Quinoa, aber auch zu Gemüse, Vollkornreis, Vollkornnudeln etc.

Vorbereitung
1 Zitrone auspressen.
2 Tomaten überbrühen und häuten.
3 Knoblauch schälen und in kleine Stücke schneiden.

Zubereitung
1 Alle Zutaten in einen Mixer geben und 1 bis 2 Minuten lang durchmixen.
2 Abschmecken.

Leckere Gemüsegerichte ...

... fürs Mittag-, vor allem aber fürs Abendessen. Sie sind so köstlich, dass man sie zum Teil ohne weiteres kalt essen kann.

Gemüse gehört zu den komplexen Kohlenhydraten. Es enthält viele Ballaststoffe und hat einen hohen Wasseranteil. Deshalb wird Gemüse relativ langsam verstoffwechselt, hat also – wenn es nicht besonders stärkehaltig ist – einen niedrigen glykämischen Index. Insofern ist die Wahrscheinlichkeit, dass Gemüse eine Überproduktion von Insulin auslöst, sehr gering. Der Blutzuckerspiegel bleibt also angenehm stabil.

Gemüse hilft zudem bei einer Entsäuerung des Körpers und ist gehirnchemisch neutral. Es enthält weder sehr viel Tryptophan noch sehr viel Tyrosin, es bewirkt also keine gravierenden Ausschläge entweder zur Serotonin- oder zur Dopaminseite. Da mit Gemüse nicht sehr viele konkurrierende Aminosäuren angeboten werden, saugt sich das Gehirn nun aus dem Blut das Tryptophan, das von eiweißreichen Mahlzeiten übrig ist. Und so wird, wenige Stunden nachdem eine solche Mahlzeit konsumiert wurde, das aufgenommene Tryptophan allmählich verbraucht, und der Serotoninspiegel, der zunächst abgesunken war, steigt entsprechend an. Natürlich nur, wenn ansonsten genug Tryptophan verfügbar war.

Darüber hinaus enthält Gemüse, wie gesagt, kein Tyrosin, weshalb man mit Gemüse keinesfalls einen erhöhten Dopaminspiegel auslöst. Eine gemüsereiche Mahlzeit ist insofern die ideale Abendmahlzeit für den gestressten Arousal-Menschen. Denn es hält – anders als eine proteinreiche Mahlzeit mit viel Tyrosin – den Dopaminspiegel vor dem Schlafengehen auf einem ausgewogenen Niveau. Zwar braucht der Arousal-Mensch etwas mehr Protein und etwas mehr Fett, weil er tendenziell ein schneller Verbrenner ist, doch abends kann eine zu ausgeprägte Proteinmahlzeit Schlafstörungen befördern. Wer jedoch nicht unter Schlafstörungen leidet, kann zu den Gemüsegerichten durchaus etwas Hähnchen, Tofu, Pute oder Käse essen.

Der Satiation-Typ liegt aufgrund seiner Stoffwechselsituation mit komplexen Kohlenhydraten sowieso günstiger als mit reichlich Protein.

Hier noch einmal die Vorteile von Gemüse auf einen Blick:

- Gemüse ist kalorienarm (außer Auberginen und Avocado).
- Gemüse hält den Blutzuckerspiegel stabil.
- Gemüse ist gehirnchemisch neutral (sorgt also nicht für unerwünschte emotionale Effekte).
- Gemüse entsäuert den Körper.

Was will man mehr?

Gemüse mit Knoblauch

Zutaten für 4 Portionen:
ca. 800 g Gemüse
2 EL Olivenöl
2 Knoblauchzehen
1/2 Chilischote
Salz
1 Stängel Basilikum oder Petersilie

Nährwertangaben pro Portion: abhängig vom verwendeten Gemüse

Für dieses Rezept können sich Arousal- und Satiation-Menschen ein Gemüse wählen, das zu ihnen passt (siehe Listen auf Seite 45 bzw. 59).

Vorbereitung

1. Gemüse putzen und mit Salz bestreuen.
2. Knoblauch schälen und klein hacken.
3. Basilikum bzw. Petersilie putzen und klein hacken.
4. Chilischote putzen und klein hacken.

Zubereitung

1. Öl in einer großen, flachen Pfanne heiß werden lassen.
2. Gemüse anbraten.
3. Salz, Chili und 1 bis 2 Esslöffel Wasser (eventuell etwas mehr) hinzugeben. Deckel auflegen und auf niedrigster Stufe 10 Minuten andünsten.
4. Basilikum bzw. Petersilie und Knoblauch hinzugeben und kurz durchziehen lassen.

Überbackene Zucchini in Tomatensauce

Zutaten für 4 Portionen:
1 kg Zucchini
1 EL Olivenöl
250 ml Gemüsebrühe
70 g Tomatenmark
2 Knoblauchzehen
50 g frischer Parmesankäse
Salz, Pfeffer, Thymian

Nährwertangaben pro Portion: Energie 110 kcal, Fett 4,83 g, Kohlenhydrate 7,10 g, Protein 8,76 g, Wasser 288 g, Cholesterin 5,39 mg, Alkohol 0 g, gesättigte Fettsäuren 1,84 g, Omega-3-Fettsäuren 342 mg, Omega-6-Fettsäuren 374 mg, Broteinheiten 0,591 BE

Geeignet für Satiation

Arousal-Menschen können dieses Rezept mit jedem Gemüse ihrer Wahl (siehe Liste auf Seite 45) ausprobieren.

Vorbereitung

1 Zucchini waschen, Enden abschneiden, in dünne Scheiben schneiden.
2 Knoblauch schälen und hacken.
3 Auflaufform mit etwas Olivenöl einfetten.
4 Parmesankäse reiben.
5 Backofen auf 200 °C vorheizen.

Zubereitung

1 Öl in einer Pfanne heiß werden lassen.
2 Zucchinischeiben auf beiden Seite anbraten, salzen, herausnehmen, Bratfett abgießen.

3 Knoblauch und Tomatenmark in einem Topf mit etwas Wasser andünsten, mit Salz, Pfeffer, Thymian würzen.
4 Gemüsebrühe zur Tomatensauce hinzugeben, einkochen.
5 In eine gefettete Auflaufform abwechselnd Tomatensauce, Zucchinischeiben und geriebenen Käse geben.
6 Mit Sauce und Käse abschließen.
7 Etwa 20 Minuten überbacken.

Zucchini-Tomaten-Zwiebel-Gratin

Zutaten für 4 Portionen:
500 g Zucchini
500 g Tomaten
300 g Zwiebeln
Thymian, frisch oder getrocknet
Basilikum, frisch oder getrocknet
Salz
Pfeffer
5 Knoblauchzehen
100 g Schafskäse
1 Becher Saure Sahne (150g)
2 EL Olivenöl

Nährwertangaben pro Portion: Energie 193 kcal, Fett 11,5 g, Kohlenhydrate 12,0 g, Protein 9,70 g, Wasser 350 g, Cholesterin 25,1 mg, Alkohol 0 g, gesättigte Fettsäuren 5,81 g, Omega-3-Fettsäuren 299 mg, Omega-6-Fettsäuren 670 mg, Broteinheiten 1,00 BE

Geeignet für Satiation

Arousal-Menschen können statt der Zucchini ein Gemüse ihrer Wahl (z.B. Porree oder Okraschoten, siehe Seite 45) verwenden. Eventuell muss dieses Gemüse vorher weichgekocht werden.

Vorbereitung

1 Zucchini waschen, putzen und in Scheiben schneiden.
2 Tomaten überbrühen, häuten und in Scheiben schneiden.

3 Zwiebeln schälen und in Scheiben schneiden.
4 Knoblauchzehen schälen, klein hacken.
5 Basilikum klein hacken.
6 Auflaufform mit etwas Olivenöl fetten.
7 Backofen auf 180 °C vorheizen.

Zubereitung

1 Gemüse (Zucchini, Tomaten, Zwiebeln) in eine Auflaufform legen.
2 Knoblauch, Schafskäse, Saure Sahne vermischen.
3 Sauce mit Thymian, Salz und Pfeffer abschmecken.
4 Sauce über das Gemüse geben.
5 Alles mit etwas Olivenöl beträufeln.
6 Im Ofen 45 Minuten überbacken.
7 Mit Basilikum bestreuen.

Rosenkohl-Polenta-Gratin

Zutaten für 4 Portionen:
500 g Rosenkohl
Salz
Pfeffer
250 g groben Polentagrieß
500 ml Gemüsebrühe
200 ml Milch
10 g frischen Parmesankäse

Nährwertangaben pro Portion: Energie 309 kcal, Fett 3,87 g, Kohlenhydrate 53,0 g, Protein 14,0 g, Wasser 282 g, Cholesterin 8,55 mg, Alkohol 0 g, gesättigte Fettsäuren 1,76 g, Omega-3-Fettsäuren 223 mg, Omega-6-Fettsäuren 364 mg, Broteinheiten 4,42 BE

Geeignet für Satiation und Arousal

Polenta enthält viel Stärke. Arousal-Menschen sollten diesem Rezept als Ausgleich etwas Hähnchen, Tofu, Käse, Pute oder Vergleichbares hinzufügen, um die Stärkemenge des Polentagrießes auszugleichen.

Vorbereitung

1 Rosenkohl putzen.
2 Auflaufform mit etwas Olivenöl fetten.
3 Backofen auf 180 °C vorheizen.
4 Gemüsebrühe zubereiten.
5 Parmesankäse reiben.

Zubereitung

1 Rosenkohl in kochendem Salzwasser 10 Minuten kochen.
2 Rosenkohl kalt abschrecken.
3 Milch und Brühe in einem Topf aufkochen.
4 Polenta einrühren, 5 Minuten kochen.
5 Von der Kochplatte nehmen und 15 Minuten ausquellen lassen, mit Salz und Pfeffer abschmecken.
6 Polenta in der Auflaufform glatt streichen.
7 Rosenkohl eindrücken, Käse darauflegen.
8 Im Ofen 25 Minuten überbacken.

Spinat mit Champignons

Zutaten für 4 Portionen:
500 g Blattspinat, frisch oder gefroren
1 Becher Schlagsahne
200 g frische Champignons
1/2 Zitrone
10 g Hartkäse
1 Knoblauchzehe
1 EL Olivenöl
10 g Butter

Nährwertangaben pro Portion: Energie 175 kcal, Fett 14,8 g, Kohlenhydrate 3,33 g, Protein 6,40 g, Wasser 197 g, Cholesterin 41,8 mg, Alkohol 0 g, gesättigte Fettsäuren 8,71 g, Omega-3-Fettsäuren 440 mg, Omega-6-Fettsäuren 413 mg, Broteinheiten 0,266 BE

Geeignet für Satiation

Vorbereitung

1. Spinat waschen, putzen und in feine Streifen schneiden.
2. Champignons waschen, putzen und in feine Scheiben schneiden.
3. Knoblauch klein hacken.
4. Auflaufform mit etwas Olivenöl fetten.
5. Käse reiben.
6. Backofen auf 180 °C vorheizen.

Zubereitung

1. Öl in einer großen Pfanne heiß werden lassen.
2. Spinat 2 Minuten dünsten, mit Salz und Knoblauch würzen, abtropfen lassen.

3 Butter in einem Topf zerlassen.
4 Pilze in der Butter anbraten, Salz und Zitrone dazugeben, einkochen lassen.
5 Pilze mit Schlagsahne ablöschen. Noch etwas reduzieren.
6 Spinat zu den Pilzen geben, vorsichtig durchmischen.
7 Gemüse in die Auflaufform füllen, mit dem Käse bestreuen.
8 Im Ofen überbacken, bis die Oberfläche hellbraun ist.

Wintergemüse

Zutaten für 4 Portionen:
1 Wirsingkohl
2 EL Olivenöl
1 Becher Saure Sahne
1/2 Zitrone
50 ml Gemüsebrühe

Nährwertangaben pro Portion: Energie 93,1 kcal, Fett 6,75 g, Kohlenhydrate 3,95 g, Protein 3,54 g, Wasser 84,7 g, Cholesterin 16,9 mg, Alkohol 0 g, gesättigte Fettsäuren 3,26 g, Omega-3-Fettsäuren 150 mg, Omega-6-Fettsäuren 319 mg, Broteinheiten 0,331 BE

Geeignet für Satiation und Arousal

Natürlich kann dieses Rezept mit jedem Wintergemüse, das zu Ihrem Typus passt, zubereitet werden.

Vorbereitung

1 Wirsing waschen, Strunk und äußere Blätter entfernen.
2 Wirsing in 8 Teile schneiden.
3 Die halbe Zitrone auspressen.
4 Gemüsebrühe zubereiten.

Zubereitung

1 Olivenöl in einer großen Pfanne heiß werden lassen.
2 Wirsing unter Wenden vorsichtig anbraten.
3 Zitronensaft darüber geben.
4 Brühe hinzufügen (1 bis 2 Esslöffel) und 10 Minuten dämpfen.

Rosenkohl ist genauso zuzubereiten.

Ingwer-Spaghetti

Zutaten für 4 Portionen:
400 g Vollkorn-Spaghetti
1 Zitrone
3 EL klein gewürfelter Ingwer (ca. 100 g)
2 Schalotten
Salz
100 g Butter
1/4 l Gemüsebrühe

Nährwertangaben pro Portion: Energie 557 kcal, Fett 23,8 g, Kohlenhydrate 71,2 g, Protein 13,1 g, Wasser 108 g, Cholesterin 154 mg, Alkohol 0 g, gesättigte Fettsäuren 13,1 g, Omega-3-Fettsäuren 380 mg, Omega-6-Fettsäuren 1,75 g, Broteinheiten 5,93 BE

Geeignet für Satiation und Arousal

Vorbereitung
1 Gemüsebrühe zubereiten.
2 Zitrone auspressen.
3 Schalotten schälen und in kleine Stücke schneiden.
4 Ingwer schälen und würfeln.
5 Große Schüssel etwas vorwärmen.

Zubereitung
1 Spaghetti in sprudelndem Wasser bissfest kochen.
2 Etwas Butter in einem Topf heiß werden lassen.
3 Schalotten in etwas Butter andünsten.
4 Ingwer mit andünsten.
5 Topf vom Herd nehmen.
6 Restliche Butter flöckchenweise in die Sauce geben.
7 Sauce mit den Spaghetti in einer großen Schüssel vermischen.

Dinkel-Gemüse-Risotto auf Brunnenkresse-Joghurt

Zutaten für 4 Portionen:
1 Bund Brunnenkresse
200 g Saure Sahne
Majoran, Paprika, Sellerie, Kümmel, Lorbeer und Rosmarin
3 EL Zitronensaft
2 Kohlrabi
2 Stangen Staudensellerie
1 Bund Frühlingszwiebeln (3 – 4 Stück)
1 Tasse Dinkel
600 ml Wasser
1/2 l Gemüsebrühe
1 Tasse Reis
4 Eier

Nährwertangaben pro Portion: Energie 480 kcal, Fett 13,5 g, Kohlenhydrate 67,1 g, Protein 20,4 g, Wasser 551 g, Cholesterin 256 mg, Alkohol 0 g, gesättigte Fettsäuren 5,26 g, Omega-3-Fettsäuren 458 mg, Omega-6-Fettsäuren 1,41 g, Broteinheiten 5,44 BE

Geeignet für Satiation und Arousal

Zwar wird hier etwas Sahne verwendet, die angegebene Menge schadet dem Arousal-Menschen jedoch nicht.

Vorbereitung

1 Das Bund Brunnenkresse putzen und waschen. Einige schöne Blätter zur Seite legen.
2 Kohlrabi schälen, Staudensellerie putzen, waschen und in Würfel schneiden.

3 Frühlingszwiebeln putzen, waschen und in Ringe schneiden.
4 Gemüsebrühe zubereiten.
5 Eier hartkochen, abkühlen lassen und Schale entfernen.

Zubereitung

1 Brunnenkresse mit der Sauren Sahne pürieren und mit Majoran, Paprika, Sellerie, Kümmel, Lorbeer und Rosmarin und 1 bis 2 Esslöffel Zitronensaft würzen und abschmecken.
2 Beiseite stellen.
3 Dinkel in einem Topf ohne Fett rösten, bis die Körner zu platzen beginnen.
4 Wasser hinzugießen und mit dem Dinkel zum Kochen bringen.
5 Von der Gemüsebrühe 3 bis 5 Teelöffel zugeben und alles 10 Minuten kochen.
6 Übrige Gemüsebrühe und Reis hinzufügen. Weitere 10 Minuten kochen.
7 Gemüse zugeben und nochmals 10 Minuten kochen.
8 Alles mit 1 Esslöffel Zitronensaft abschmecken.
9 Eier in Spalten schneiden und auf das Risotto legen.

Gefüllte Kohlrabi mit Pilz-Risotto

Zutaten für 4 Portionen:
4 Kohlrabi (à ca. 300 g)
4 kleine Zwiebeln
600 g Pilze (z.B. Champignons oder Shiitake)
2 EL Olivenöl
200 g Vollkorn-Reis
40 g Parmesan
12 Stiele Basilikum
6 EL Sojacreme

Nährwertangaben pro Portion: Energie 342 kcal, Fett 11,2 g, Kohlenhydrate 43,4 g, Protein 16,3 g, Wasser 287 g, Cholesterin 8,26 mg, Alkohol 0 g, gesättigte Fettsäuren 3,41 g, Omega-3-Fettsäuren 312 mg, Omega-6-Fettsäuren 1,11 g, Broteinheiten 3,56 BE

Geeignet für Satiation und Arousal

Vorbereitung

1. Kohlrabi putzen und schälen.
2. Zwiebeln schälen und würfeln.
3. Pilze putzen und in Scheiben schneiden.
4. Basilikum waschen und fein schneiden.
5. Parmesan fein reiben (oder geriebenen Parmesan verwenden).
6. Kohlrabi in kochendem Wasser 20 bis 25 Minuten garen.
7. Kohlrabiwasser aufbewahren.
8. Vom Kohlrabi einen Deckel abschneiden.
9. Kohlrabi aushöhlen.
10. Kohlrabi-Inneres würfeln.

11 Mit dem Basilikum und 150 ml Kohlrabiwasser pürieren.
12 Kohlrabi warm stellen.

Zubereitung

1 Öl in einer Pfanne erhitzen.
2 Pilze goldbraun braten, mit Pfeffer und Salz würzen.
3 Herausnehmen.
4 Zwiebeln und Reis in der Pfanne andünsten, eventuell noch etwas Öl hinzufügen.
5 Mit 1/2 l Kohlrabiwasser aufgießen, zudecken und etwa 20 Minuten bei geringer Hitze ausquellen lassen.
6 Nach 15 Minuten Pilze und Käse hinzufügen.
7 Püriertes Kohlrabi-Inneres in einem Topf erhitzen, Sojacreme und Basilikum hinzugeben und abschmecken.
8 Pilz-Reis mit etwas Sauce vermischen.
9 Warm gestellten Kohlrabi mit dem Pilz-Risotto füllen und mit der restlichen Sauce anrichten.

Gemüse-Lasagne mit Sonnenblumenkernen

Zutaten für 4 Portionen:
4 EL Olivenöl
30 g Vollkorn-Weizenmehl
1/2 l Milch
200 g Gorgonzola-Käse
Salz, Pfeffer
250 g Tomaten
250 g Stangensellerie
2 Zwiebeln
2 EL Öl
500 g Spinat
200 g Champignons
1 Packung (250 g) Vollkorn-Lasagne-Platten
50 g Sonnenblumenkerne

Nährwertangaben pro Portion: Energie 632 kcal, Fett 45,2 g, Kohlenhydrate 28,9 g, Protein 27,0 g, Wasser 471 g, Cholesterin 89,3 mg, Alkohol 0 g, gesättigte Fettsäuren 15,5 g, Omega-3-Fettsäuren 758 mg, Omega-6-Fettsäuren 10,2 g, Broteinheiten 2,39 BE

Geeignet für Satiation

Vorbereitung

1 Gorgonzola-Käse in kleine Stücke schneiden.
2 Tomaten putzen, waschen und in Scheiben schneiden.
3 Sellerie putzen, waschen und in Scheiben schneiden.
4 Spinat putzen, waschen und klein schneiden.
5 Zwiebeln schälen und hacken.
6 Pilze putzen und hacken.
7 Backofen auf 200 °C vorheizen.
8 Auflaufform fetten.

Zubereitung

1 Olivenöl in einem Topf erhitzen, Mehl darin anschwitzen.
2 Milch einrühren und mindestens 10 Minuten durchkochen.
3 Käse darin schmelzen.
4 Sauce würzen.
5 Beiseite stellen.
6 Tomaten und Sellerie in 1 Esslöffel heißem Öl andünsten.
7 Pilze in einem weiteren Topf im restlichen Öl andünsten.
8 Den Spinat zu den Pilzen hinzufügen und anschließend würzen.
9 Den Boden der Auflaufform mit etwas Sauce bedecken.
10 Lasagne-Platten, Tomaten, Sellerie, Sauce und Pilz-Spinat-Gemüse abwechselnd einschichten.
11 Mit Lasagne-Platte und Sauce obenauf abschließen.
12 Sonnenblumenkerne darüber streuen.
13 Im vorgeheizten Backofen 45 bis 50 Minuten backen.

Grünkern-Gemüse-Paprika

Zutaten für 4 Portionen:
4 Paprikaschoten
200 g Zucchini
200 g Porree
100 g Grünkern
200 g Schmelzkäse
je 1 Bund Schnittlauch, Petersilie, Oregano (eventuell getrocknete Kräuter verwenden)
2 Knoblauchzehen
2 Chilischoten
ca. 400 ml Gemüsebrühe
Salz, Pfeffer

Nährwertangaben pro Portion (ohne Beilage): Energie 331 kcal, Fett 17,6 g, Kohlenhydrate 27,2 g, Protein 15,1 g, Wasser 368 g, Cholesterin 42,5 mg, Alkohol 0 g, gesättigte Fettsäuren 9,64 g, Omega-3-Fettsäuren 546 mg, Omega-6-Fettsäuren 1,20 g, Broteinheiten 2,26 BE

Geeignet für Satiation

Vorbereitung

1 Paprika halbieren und putzen.
2 Zucchini putzen, waschen, in kleine Würfel schneiden.
3 Porree putzen, waschen, in feine Ringe schneiden.
4 Chilischoten und Knoblauch schälen, fein hacken.
5 Schmelzkäse würfeln.
6 Bei frischen Kräutern: waschen und klein hacken.
7 Gemüsebrühe zubereiten.
8 Auflaufform mit etwas Olivenöl fetten.
9 Ofen auf 200 °C vorheizen.

Zubereitung

1. Grünkern mit 100 ml Wasser bedecken und etwa 3 bis 5 Minuten kochen lassen.
2. Anschließend bei kleiner Hitze noch etwa 15 Minuten quellen lassen.
3. Paprika mit der Schnittseite nach oben in die Auflaufform legen.
4. Gemüse, Kräuter und Käse mit dem Grünkern vermischen, mit Salz und Pfeffer würzen.
5. Die Masse in die Paprikahälften geben.
6. Gemüsebrühe angießen (Paprika nicht bedecken).
7. Etwa 18 Minuten im Ofen überbacken.

Dazu Naturreis oder Kartoffeln servieren.

Grünkohlauflauf mit Hirse

Zutaten für 4 Portionen:
1 kg Grünkohl
1 l Gemüsebrühe
220 g Hirse
2 Zwiebeln
2 Knoblauchzehen
2 EL Sonnenblumenöl
3 Eier
60 g frisch geriebener Parmesan
Salz, Pfeffer, Muskatnuss
20 g Butter

Nährwertangaben pro Portion: Energie 521 kcal, Fett 24,2 g, Kohlenhydrate 46,5 g, Protein 28,2 g, Wasser 526 g, Cholesterin 203 mg, Alkohol 0 g, gesättigte Fettsäuren 8,57 g, Omega-3-Fettsäuren 1,17 g, Omega-6-Fettsäuren 5,48 g, Broteinheiten 3,89 BE

Geeignet für Satiation und Arousal

Vorbereitung

1 Grünkohl putzen und klein schneiden.
2 Zwiebeln schälen und würfeln.
3 Knoblauchzehen würfeln.
4 Eier trennen. Eiweiß und Eigelb werden benötigt.
5 Parmesan reiben.
6 Eine Auflaufform fetten.
7 Hirse in einem Sieb kalt abspülen und abtropfen lassen.
8 Die Gemüsebrühe zubereiten.
9 Backofen auf 200 °C vorheizen.

Zubereitung

1. Kohl in etwa 1/2 l Gemüsebrühe etwa 30 Minuten bei schwacher Hitze kochen lassen.
2. Öl in einem Topf heiß werden lassen.
3. Zwiebel und Knoblauch darin glasig dünsten.
4. Hirse dazugeben und kurz mitbraten.
5. Etwa 1/4 l Brühe dazugießen, alles aufkochen lassen und im geschlossenen Topf bei schwacher Hitze etwa 20 Minuten garen.
6. Grünkohl, Eigelb und den Käse vermischen. Eventuell etwas Brühe abgießen.
7. Eiweiß steif schlagen.
8. Eischnee unter die Grünkohlmasse ziehen.
9. Mit Salz, Pfeffer und Muskatnuss würzen.
10. Masse in die Auflaufform geben.
11. Butter in Flöckchen darauf verteilen.
12. Im Backofen auf der untersten Schiene 30 Minuten backen.
13. Form auf die oberste Schiene stellen und weitere 10 Minuten backen.

Spargelfrikassee mit Weizenkörnern

Zutaten für 4 Portionen:
200 g Weizenkörner (Reformhaus)
350 g frischer Spargel
5 EL Olivenöl
1 Lauchstange
1/2 Blumenkohl
40 g Vollkorn-Weizenmehl
100 ml Milch
1 TL Kerbel (frisch oder getrocknet)
1/2 Zitrone
100 g Sauerampfer
Salz, Pfeffer

Nährwertangaben pro Portion: Energie 363 kcal, Fett 15,1 g, Kohlenhydrate 43,4 g, Protein 12,3 g, Wasser 225 g, Cholesterin 3,38 mg, Alkohol 0 g, gesättigte Fettsäuren 2,66 g, Omega-3-Fettsäuren 301 mg, Omega-6-Fettsäuren 1,78 g, Broteinheiten 3,62 BE

Geeignet für Arousal und Satiation

Vorbereitung

1 Weizenkörner über Nacht einweichen.
2 Den Spargel waschen, holzige Enden abschneiden, schälen.
3 In Salzwasser weich kochen. Eventuell 2 bis 3 Teelöffel Honig hinzufügen.
4 Spargel herausnehmen und in 2 bis 3 cm lange Stücke schneiden.
5 Spargelwasser aufheben.
6 Kerbel hacken. (Oder getrockneten Kerbel verwenden.)

7 Lauch putzen und in 2 bis 3 cm lange Stücke schneiden.
8 Blumenkohl putzen, in Röschen zerteilen.
9 Sauerampfer waschen, putzen, hacken.
10 Halbe Zitrone auspressen.

Zubereitung

1 Weizenkörner abgießen, mit frischem Wasser bedecken, zum Kochen bringen und zugedeckt 50 bis 60 Minuten köcheln lassen.
2 Wenn der Weizen zu trocken wird, etwas mehr Wasser dazugeben.
3 Weizenkörner in ein Sieb schütten und abtropfen lassen.
4 Öl in einem Topf erhitzen.
5 Lauch und Blumenkohlröschen bei schwacher Hitze darin schmoren lassen.
6 Die Milch mit 1/4 l Spargelwasser vermischen.
7 Zum Gemüse geben und zum Kochen bringen. Gelegentlich umrühren.
8 Weizenkörner, Kerbel und Zitronensaft hinzufügen.
9 Alles 2 bis 3 Minuten köcheln lassen.
10 Spargel und Sauerampfer untermischen.
11 Mit Salz und Pfeffer abschmecken.

Wichtige Literaturhinweise

Anregungen zur Unterscheidung von Arousal- und Satiation-Typ stammen von:

Robertson, Joel; Monte, Tom: *Natural Prozac: Learning to Release Your Body's Own Anti-Depressants*. Harper Collins, New York 1997

Robertson, Joel; Monte, Tom: *Peak-Performance Living: Easy, Drug-Free Ways to Alter Your Own Brain Chemistry*. Harper Collins, San Francisco 1997

Entscheidende Erkenntnisse zum Stoffwechseltyp:

Wolcott, William; Fahey, Trish: *Essen was mein Körper braucht: Metabolic Typing – die passende Ernährung für jeden Stoffwechseltyp*. VAK Verlags-GmbH, Kirchzarten bei Freiburg 2002

Weitere Erkenntnisse zum Stoffwechseltyp im Zusammenhang mit Depressionen:

Cousens, Gabriel; Mayell, Mark: *Depression-Free for Life: A Physician's All-Natural 5-Step Plan*. Quill, New York 2001

Weiterführende Informationen zu Serotonin- und Dopaminspiegel:

Ruden, Ronald A.; Byalick, Marcia: *The Craving Brain: A bold new approach to breaking free from drug addiction, overeating, alcoholism, gambling*. Harper Collins, New York 2003

Der Klassiker zum Thema individueller Nährstoffbedarf:

Williams, Roger J.: *Biochemical Individuality: The Basis for the Genetotrophic Concept*. Keats Publishing, New Canaan 1998

Verzeichnis der Rezepte

Alle Empfehlungen in diesem Buch sind von Autorin und Verlag sorgfältig erwogen und geprüft. Sie entstanden auf der fundierten Basis einer jahrelangen, gewissenhaften Arbeit in Forschung und Praxis. Die Empfehlungen bieten jedoch keinen Ersatz für eine eventuell notwendige psychotherapeutische oder medizinische Behandlung. Alle Angaben in diesem Buch erfolgen daher ohne jegliche Gewährleistung oder Garantie seitens des Verlages oder der Autorin. Eine Haftung der Autorin bzw. des Verlages und seiner Beauftragten für Personen-, Sach- oder Vermögensschäden ist ausgeschlossen.

Ralph Terjung

Ralph Terjung, geboren am 28.1.1969, absolvierte die Kochlehre im „Wald- & Schlosshotel Friedrichsruhe“. Er hat internationale Erfahrung als Küchen- und Sous-Chef großer Restaurants in Köln, Norwegen und Florida und ist derzeit als Sous-Chef auf einem Luxusliner in der Karibik unterwegs. Neben seiner Tätigkeit als Koch für anspruchsvolle Genießer beschäftigt er sich seit vielen Jahren mit gesunder Ernährung. Seine Erfahrung hat er nun genutzt, um für die im Buch „Ausstieg aus der Zuckersucht" entwickelten Konzepte leicht nachzukochende, schmackhafte Gerichte zu kreieren.

Inke Jochims

Inke Jochims, Jahrgang 1963, M.A., ist Heilpraktikerin, Inhaberin des Europäischen Zertifikats für Psychotherapie und arbeitet in eigener Praxis in Berlin-Friedenau. Sie ist ausgebildet in NLP, Hypnotherapie und Transaktionsanalyse. Anfang 2003 gründete sie den Hedwig-Verlag, der auf innovative Bücher aus den Bereichen Ernährung, Botenstoffe, Sucht und Hypnose spezialisiert ist.

Lesen Sie auch:

„Zucker und Bulimie"
Wie richtige Ernährung hilft, aus Bulimie und Binge Eating auszusteigen
Inke Jochims

Die meisten Frauen wissen viel über Essen, aber wenig darüber, warum und unter welchen Umständen der menschliche Appetit so entgleist, dass er „seinen" Menschen veranlasst, bis zu 10.000 Kalorien am Tag zu verzehren. Sie versuchen, ihr Essverhalten zu kontrollieren, und benutzen dazu die alte Kalorienlehre – was das Problem nur verschlimmert.

Der Mythos des Schlankheitswahns als Ursache der Bulimie ist überholt. Heißhungerattacken entstehen durch einen Mangel an dem Botenstoff Serotonin im Gehirn. Frauen, die Bulimie praktizieren, essen während ihrer Attacken häufig Süßigkeiten, raffinierte Kohlenhydrate oder Fett. Denn Zucker hilft kurzfristig beim Aufbau von Serotonin – auch dann, wenn er wieder erbrochen wird. Auf der Basis neuester Forschungsergebnisse aus den USA wird hier der Zusammenhang zwischen dem Neurotransmitter Serotonin, Heißhungeranfällen und einer falschen Ernährung dargestellt.

Die Autorin hat in jahrelanger Arbeit mit betroffenen Frauen die Verbindung zwischen bulimischen Attacken und Serotoninmangel, Essverhalten, Stress und sozialen Beziehungen erforscht. In diesem Buch liefert sie nun ganz konkrete Tipps für eine erfolgreich stabilisierende, zucker- und weißmehlfreie Ernährung und beschreibt weitere unterstützende Maßnahmen.

Preis: 14,99 Euro inkl. MwSt.
Taschenbuch
ISBN 3-9808847-0-8
Bestellung:
info@hedwig-verlag.de